O PEQUENO LIVRO DOS PRINCÍPIOS HERMÉTICOS

Amber D. Browne

O PEQUENO LIVRO DOS PRINCÍPIOS HERMÉTICOS

Uma Introdução ao *CAIBALION* para Compreender Melhor sua Mente, seu Corpo e seu Espírito

Tradução
Mário Molina

Editora
Pensamento
SÃO PAULO

Título do original: *The Little Book of Hermetic Principles*.
Copyright do texto © 2022 Amber D. Browne
Publicado mediante acordo com Ulysses Press, através da Yanez, parte da International Editors´Co. S.L. Literary Agency
Copyright da edição brasileira © 2023 Editora Pensamento-Cultrix Ltda.
1ª edição 2023.

Todos os direitos reservados. Nenhuma parte deste livro pode ser reproduzida ou usada de qualquer forma ou por qualquer meio, eletrônico ou mecânico, inclusive fotocópias, gravações ou sistema de armazenamento em banco de dados, sem permissão por escrito, exceto nos casos de trechos curtos citados em resenhas críticas ou artigos de revista.

A Editora Pensamento não se responsabiliza por eventuais mudanças ocorridas nos endereços convencionais ou eletrônicos citados neste livro.

Obs.: Este livro pode ser exportado para o resto do mundo, menos para Portugal, Angola, Moçambique, Cabo Verde, São Tomé e Guiné Bissau.

Design da frente da capa: Chris Cote

Editor: Adilson Silva Ramachandra
Gerente editorial: Roseli de S. Ferraz
Preparação de originais: Danilo Di Giorgi
Gerente de produção editorial: Indiara Faria Kayo
Editoração eletrônica: Join Bureau
Revisão: Claudete Agua de Melo

Dados Internacionais de Catalogação na Publicação (CIP)
(Câmara Brasileira do Livro, SP, Brasil)

Browne, Amber D.
  O pequeno livro dos princípios herméticos: uma introdução ao CAIBALION para compreender melhor sua mente, seu corpo e seu espírito / Amber D. Browne; tradução Mário Molina. – São Paulo: Editora Pensamento, 2023.

  Título original: The little book of hermetic principles
  Bibliografia.
  ISBN 978-85-315-2321-2

  1. Esoterismo 2. Hermetismo 3. Magia I. Título.

23-167244 CDD-135.45

Índices para catálogo sistemático:
1. Hermetismo 135.45
Eliane de Freitas Leite – Bibliotecária – CRB 8/8415

Direitos de tradução para o Brasil adquiridos com exclusividade pela
EDITORA PENSAMENTO-CULTRIX LTDA., que se reserva a
propriedade literária desta tradução.
Rua Dr. Mário Vicente, 368 – 04270-000 – São Paulo – SP – Fone: (11) 2066-9000
http://www.editorapensamento.com.br
E-mail: atendimento@editorapensamento.com.br
Foi feito o depósito legal.

Este livro é dedicado a meu marido, Tristan,
por me incentivar a persistir na minha paixão e
propósito de vida, e a nossos filhos incríveis,
Mia e Dane,
pela constante aceitação e apoio.

SUMÁRIO

SEÇÃO I
Hermes Trismegisto e o Hermetismo

Capítulo 1 – **Introdução** 11

Capítulo 2 – **Quem foi Hermes Trismegisto?** 13

Capítulo 3 – **A História do Hermetismo** 17

Capítulo 4 – **Obras Escritas de Hermes Trismegisto** 25

SEÇÃO II
O *Caibalion* – Os Princípios Herméticos

Capítulo 5 – ***O Caibalion*** 39

Capítulo 6 – **Os Sete Princípios Herméticos** 43

Capítulo 7 – **Princípio 1: O Princípio do Mentalismo** 45

Capítulo 8 – **Princípio 2: O Princípio da Correspondência** 67

Capítulo 9 – **Princípio 3: O Princípio da Vibração** 87

Capítulo 10 – **Princípio 4: O Princípio da Polaridade** 109

Capítulo 11 – **Princípio 5: O Princípio do Ritmo** 125

Capítulo 12 – **Princípio 6: O Princípio da Causalidade (Causa e Efeito)** 145

Capítulo 13 – **Princípio 7: O Princípio do Gênero** 157

SEÇÃO III
Os Ensinamentos Místicos de Hermes Trismegisto

Capítulo 14 – **Astrologia** 173

Capítulo 15 – **Alquimia** 185

Capítulo 16 – **Magia** 195

Capítulo 17 – **Estamos Todos Juntos Nisso** 201

BIBLIOGRAFIA 205

AGRADECIMENTOS 211

O fascínio do desconhecido impele muita gente a começar uma jornada rumo à atenção plena (*mindfulness*) e à iluminação. Aqueles que buscam o sentido da vida e sua razão de ser neste mundo muitas vezes tentam se apossar do conhecimento por meio da religião, do processo de tentativa e erro nos acontecimentos da vida e da meditação, entre outros meios. *O Pequeno Livro dos Princípios Herméticos* analisa detalhadamente sete verdades fundamentais encontradas ao longo da história de numerosas culturas, religiões e sistemas de crenças do mundo inteiro e discute como incorporar esses princípios à nossa própria vida para que possamos descobrir nossa razão de ser e alcançar a realização.

Nesta seção, você aprenderá sobre o autor a quem se atribui a filosofia hermética, Hermes Trismegisto, também conhecido como O Três Vezes Grande. Também abordaremos a história e a dinâmica interna do hermetismo e de algumas obras escritas por Trismegisto. *O Caibalion*, publicado em 1908, divide os ensinamentos propostos por Trismegisto em sete princípios herméticos, que são explicações profundas a respeito da iluminação e da completa unidade com Deus, ou O UNO. *O Pequeno Livro dos Princípios Herméticos* resume esses princípios e apresenta ideias que tornam possível incorporar esse antigo conhecimento à nossa vida cotidiana. São princípios que guiam a pessoa para a iluminação, ou consciência – consciência entre o eu, os outros e o mundo natural. Assim que experimentamos esse "despertar da consciência", podemos descobrir a verdadeira conexão entre cada pessoa e tudo que há neste planeta e além dele.

Capítulo 1

INTRODUÇÃO

Esta é história de um homem, um deus, um sacerdote, um sábio – Hermes Trismegisto – e de seus escritos e ensinamentos. O hermetismo, atribuído a Trismegisto, é um antigo acervo de conhecimento transmitido boca a boca, de professor a estudante, vários milênios atrás. As crenças inerentes a esses ensinamentos estão incluídas em uma variedade de culturas e religiões monoteístas espalhadas pelo globo. Muitas pessoas acreditam em um único Deus verdadeiro, a Fonte, o Criador, um poder superior; muitos acreditam que tudo acontece por uma razão e que não existe o que chamamos de coincidência; e muitos acreditam que a energia é uma parte integrante de tudo. *O Pequeno Livro dos Princípios Herméticos* analisa detalhadamente essas informações antigas e fornece ao leitor moderno uma visão geral de fácil entendimento. O livro também explica como chegar a uma compreensão mais profunda dos sete princípios herméticos, permitindo, em última análise, que recuperemos nossa energia, busquemos iluminação e aprofundemos nossa compreensão a respeito da mente, do corpo e do espírito.

No início do período que o calendário gregoriano chama de terceiro milênio (os anos 2001 a 3000), muitos enfrentaram uma série de dificuldades. A pandemia da Covid-19 e a turbulência mundial decorrente dela fizeram as pessoas perderem a fé na humanidade. Adultos e crianças enfrentam desafios físicos, mentais e emocionais. A humanidade precisa achar saídas e podemos, com este livro, descobrir antigas informações que talvez já tenham um lugar em nosso sistema de crenças, mas que talvez não estejam plenamente integradas à nossa psique. *O Pequeno Livro dos Princípios Herméticos* nos ajudará a perceber que, embora cada pessoa seja um indivíduo, todos estamos juntos nesta vida e todas as pessoas fazem parte de um plano maior – do panorama geral. Este livro traz a prova filosófica, religiosa e científica desses princípios universais e, ao mesmo tempo, nos ajuda a iniciar uma jornada de autodescoberta.

Capítulo 2

QUEM FOI HERMES TRISMEGISTO?

Atribui-se a Hermes Trismegisto, também conhecido como O Três Vezes Grande, uma série de textos antigos, que incluem ensinamentos filosóficos, técnicos e místicos. Trismegisto é um mistério. Alguns acreditam que viveu antes do tempo de Moisés. Outros acreditam que foi uma sucessão de professores ou escribas que usaram esse nome para dar continuidade a uma obra filosófica. Outros, ainda, creem que ele nunca existiu sob a forma humana nesta terra. A maioria dos teóricos, no entanto, concluiu que Trismegisto viveu no Egito entre os anos 100 e 300 d.C., mas que muitos de seus princípios filosóficos já eram praticados centenas de anos antes de seu nascimento.

Acredita-se que as filosofias herméticas tenham se originado logo após a era da mitologia grega. Essas filosofias vieram à luz pela primeira vez em palavras escritas por volta de 750 a.C., das quais há registros no poema *Teogonia*, de Hesíodo, e nos épicos homéricos da *Ilíada* e da *Odisseia*. Trismegisto tem sido mencionado como o deus grego Hermes, o deus da comunicação, mas também como o deus egípcio Thoth, deus do conhecimento e da linguagem, que era cultuado na mitologia egípcia vários milhares de anos antes de a mitologia grega ser reconhecida.

Como um mesmo homem poderia ser identificado com duas divindades diferentes? O Império Romano conquistou o Egito em 30 a.C., e os romanos permitiam a existência de diferentes religiões da época e os debates acerca delas. Como tanto o deus grego Hermes, mais tarde conhecido na mitologia romana como Mercúrio, quanto o deus egípcio Thoth governavam o conhecimento e a comunicação, essas divindades e o autor dos escritos herméticos foram relacionados. Trismegisto acabou ficando conhecido como teólogo e filósofo. Segundo o prefácio escrito pelo tradutor John D. Chambers em *The Divine and Other Writings of Hermes Trismegistus*, Trismegisto "foi considerado a personificação da religião, da arte, do aprendizado e da disciplina sacerdotal do clero egípcio".[1]

Textos atribuídos a Trismegisto teriam sido descobertos em algum momento entre os anos 100 e 300 d.C. Foram traduzidos várias vezes nos últimos dois mil anos. Manly P. Hall, maçom e autor de *The Secret Teachings of All Ages*, sugere que Hermes

---

[1] Hermes Trismegisto. *The Divine Pymander and Other Writings of Hermes Trismegistus*, trad. John D. Chambers. Eastford, Connecticut: Martino Fine Books, 2018, p. vii.

Trismegisto foi uma de três coisas: uma divindade aceita durante o período grego da filosofia egípcia, uma divindade representada por personificações em sacerdotes, escritores e escribas da época, ou uma figura ritualística. Alguns escritores antigos reconheceram Trismegisto como a divindade da mente universal. Em uma palestra gravada, Hall declara que esses escritores "assumiram a posição de que a mente é a autora de todas as obras, de modo que, por trás do autor humano de todo produto está a mente universal que, então, poderia muito bem ser encarada como a genuína compiladora, escritora ou editora do trabalho. Assim, uma obra poderia ser dedicada à mente universal como sua verdadeira autora".[2]

Embora não se refiram a religiões específicas, as obras escritas de Trismegisto incluem a crença de que tudo é criado pela Mente de Deus e que, dentro de tudo, existe a Mente, a Vida e a Luz do Pai de Todos: "O que quer que viva, então, deve sua imortalidade à Mente e, mais que todos, deve o homem, aquele que é ao mesmo tempo recipiente de Deus e com Ele coessencial*".[3]

Os profundos ensinamentos de Trismegisto já foram secretos, conhecidos apenas pelos que estavam no poder e pelos mestres do hermetismo. Hoje estão disponíveis para todos que desejam

---

[2] Manly P. Hall, maçom. "The Hermetic Philosophy" (leitura integral/áudio), vídeo do YouTube, 4 de julho de 2019, 7:04, MindPodNetwork, https://www.youtube.com/watch?v=P0LMh2bHNz0.

* Isto é, da mesma essência e natureza. O termo é aplicado às três pessoas da Trindade. (N. do T.)

[3] Hermes Trismegistus. *The Corpus Hermeticum: Initiation Into Hermetics, The Hermetica of Hermes Trismegistus*, trad. G. R. S. Mead. Pantianos Classics, 1906, p. 67.

aprender. Seus escritos sobre filosofia, ciência, as estrelas e além delas são resumidos em *O Pequeno Livro de Princípios Herméticos*, trazendo-nos a oportunidade de praticar seus ensinamentos, tenha sido ele um homem ou vários homens, a encarnação de uma divindade ou a própria divindade ou várias divindades.

Capítulo 3

A HISTÓRIA DO HERMETISMO

Os ensinamentos herméticos iluminam aqueles que estão dispostos a aprender sobre os princípios filosóficos de Trismegisto, bem como sobre alquimia, astrologia e magia. É atribuído a O Três Vezes Grande o registro do conhecimento antigo em textos como *Corpus Hermeticum* e *A Tábua de Esmeralda de Hermes Trismegisto*, que foram traduzidos ao longo dos séculos e são examinados neste livro.

Os ensinamentos de Trismegisto já foram conhecidos apenas pelos que estavam no poder e por mestres do hermetismo. As obras escritas de Trismegisto foram traduzidas principalmente do grego durante o período medieval, do século V ao Renascimento (1400 d.C. a 1700 d.C.). Algumas dessas primeiras traduções estão conservadas em bibliotecas do mundo inteiro, incluindo a Biblioteca Bodleiana da Universidade de Oxford. Em 1906, a obra *Corpus*

Hermeticum de Trismegisto, traduzida por G. R. S. Mead, foi publicada.

Publicado em 1908, *The Kybalion*,* escrito por um autor ou autores desconhecidos com o pseudônimo "Os Três Iniciados",** examina e explica os sete princípios herméticos, isto é, os princípios do mentalismo, da correspondência, da vibração, da polaridade, do ritmo, da causalidade e do gênero (ver a Seção II para uma discussão mais detalhada a respeito dos sete princípios herméticos).

---

* *O Caibalion – Estudo da Filosofia Hermética do Antigo Egito e da Grécia*. São Paulo: Pensamento, 2ª edição, 2021. Publicado pela primeira vez no Brasil em 1912 pela Editora Pensamento.

** A identidade dos "Três Iniciados" tem sido objeto de muito sigilo e rumor desde que surgiu a primeira edição de *O Caibalion*, em 1908. Desde aquela época diversos escritores e pensadores foram considerados como autores da obra como: Paul Foster Case, Claude Bragdon, Rama Prasad e até Mabel Collins, autora do clássico *Luz no Caminho*, entre outros. Na atualidade, por meio de um estudo crítico e abrangente, o pensador e editor Philip Deslippe, na obra *O Caibalion – Edição Definitiva e Comentada*, analisa com autoridade o contexto, a história e a influência do texto, e estabelece definitivamente William Walker Atkinson (1862-1932) como seu único autor, sendo a alcunha "Os Três Iniciados" apenas uma homenagem aos aspectos trinos de Hermes Trimegisto, o "Três Vezes Grande", que foi considerado o mestre dos três domínios da sabedoria universal. William Walker Atkinson foi advogado, comerciante, editor, escritor, ocultista e propagador da filosofia do Novo Pensamento, que também publicou várias obras com outros pseudônimos como: Magus Incognito, Theron Q. Dumont e Yogue Ramacharaca. Com este, foi pioneiramente publicado no Brasil no início do século XX, pela Editora Pensamento. Com seu verdadeiro nome, a Editora Pensamento publicou *A Força do Pensamento: sua Ação na Vida e nos Negócios*; *Conhece-te: Curso de Psicologia Utilitária*; *De Ti Depende tua Sorte* e *Magia Mental ou o Segredo do Poder Mental*, entre outros clássicos do mentalismo. (N. do E.)

Alguns dizem que os autores permaneceram anônimos porque as ideias e as informações não pertencem a eles. O *Caibalion* tornou-se uma explicação moderna dos escritos de Trismegisto e influenciou as ideias de misticismo e espiritualidade da Nova Era nas décadas seguintes.

À medida que os seres humanos evoluem, muitas pessoas passam por mudanças de vida e alterações em suas crenças, num esforço para encontrar significado neste mundo. Isso era tão verdadeiro em tempos antigos quanto é hoje. "Quando uma nação conquistava outra nação, ela conquistava os deuses juntamente com os mortais, e introduzia sua própria religião, que substituía a das pessoas que tinham sido conquistadas",[4] afirma Hall em palestra. As pessoas praticavam seu culto baseadas na cultura e nos governantes de seu tempo e lugar. Se mudavam os governantes, a fé se voltava para os deuses dos novos governantes.

Quando o Império Romano começou a conquistar e governar muitos povos, incluindo os do Mediterrâneo e das civilizações do norte da África, explica Hall, a religião não era imposta aos que tinham sido conquistados. Na realidade, os romanos lhes permitiam manter os próprios deuses; os egípcios, por exemplo, mantiveram seu sistema de crenças em deuses e deusas. Segundo Hall, isso pode ter criado uma mudança de atitude, levando ao sectarismo ou a um conflito muitas vezes relacionado a crenças políticas ou religiosas. Quando a mudança de atitude com relação a ideologias e crenças religiosas se difunde, as pessoas começam a rejeitar

---

[4] Manly P. Hall. "The Hermetic Philosophy", 28:03.

ideias que consideravam falsas ou supersticiosas, ideias que dividiam grupos e faziam muitos questionarem suas próprias crenças. Os que viviam em áreas conquistadas pelo Império Romano ou as visitavam podiam se instruir com relação a diferentes teologias e religiões. Discussões e ensinamentos os levavam a fazer suas próprias opções filosóficas e religiosas. Os romanos, contudo, concentravam-se mais no comércio e na economia. Para os romanos, "a religião era secundária frente aos negócios".[5]

O individualismo intelectual permitiu que a sociedade romana construísse filosofias e religiões se apropriando de crenças de outras culturas. Isso levou ao surgimento do *Corpus Hermeticum*, uma obra atribuída a Hermes Trismegisto. "Ela representa um instinto natural por parte do homem, um instinto que estamos experimentando hoje, o instinto da necessidade de uma substancial filosofia religiosa de vida",[6] explica Hall.

Antes de 2500 a.C.:	1400-1300 a.C:	428/427 – 348/347 a.C:		Século III – Século I a.C.:
O deus egípcio Thoth é reconhecido pela primeira vez.	Moisés viveu por volta desse período.	Platão viveu durante esse período.		Os gregos governam o Egito.
	Antes de 1400 a.C.:	Século VIII – Século VII a.C.:	384-322 a.C:	
	Para algumas pessoas, Hermes Trismegisto viveu durante esse período.	Supõe-se que a Grécia Antiga produziu nesse período as primeiras versões escritas da mitologia grega, a *Teogonia*, de Hesíodo, e a *Ilíada* e a *Odisseia*, de Homero.	Aristóteles viveu durante esse período.	

---

[5] Manly P. Hall. "The Hermetic Philosophy", 33:30.
[6] Manly P. Hall. "The Hermetic Philosophy", 49:18.

A ascensão do cristianismo começou no primeiro século d.C. e, segundo Hall, os padres da igreja medieval reconheceram as verdades dos filósofos Trismegisto, Platão e Aristóteles. Em vez de uma crença politeísta, que é o culto de muitos deuses, a filosofia hermética está baseada no monoteísmo, na crença em um único Deus. Alguns descreveram a filosofia hermética como panteísta no sentido de que o Deus único, o Criador de tudo, vive dentro de cada coisa e que Deus, portanto, não seria uma personalidade individual, mas sim o Universo. O fato é que crenças semelhantes em religiões e culturas espalhadas pelo globo apontam para o Deus único, um Criador de tudo, assim como para o poder da mente e da energia que existe dentro de tudo, o que está resumido nos princípios herméticos. Segundo *O Caibalion*, os ensinamentos herméticos foram perdidos principalmente durante o governo do imperador romano Constantino, no início do século IV, com a ascensão da igreja cristã. Os escritos de Trismegisto, no entanto, foram mantidos vivos por alguns e tiveram sua tradução concluída no período medieval e no da Renascença. A filosofia hermética tornou-se cada vez mais popular no início do século XX com *O Caibalion*.

Século I a.C.: Os romanos conquistam o Egito.	100 - 300 d.C.: Princípios herméticos, de início transmitidos boca a boca, são registrados em textos atribuídos a Hermes Trismegisto.	1400-1700 d.C.: Renascença; surgem várias traduções dos escritos de Hermes Trismegisto.	1908 d.C.: É publicado *O Caibalion*.
	Século I d.C.: Ascensão do cristianismo.	Século V- 1400 d.C.: Idade Média; surgem várias traduções dos escritos de Hermes Trismegisto.	1687 d.C.: *Sir* Isaac Newton descobre/identifica a lei da gravitação universal e as leis do movimento.

Embora os princípios herméticos não sejam identificados como tal, muitas dessas crenças herméticas, incluindo a crença em um poder superior, no Deus único e verdadeiro, no Universo, na Fonte e assim por diante, que é responsável por toda a criação, podem ser encontradas em religiões populares ao longo da história. Segundo *O Caibalion*: "Os estudantes de Religiões Comparadas compreenderão facilmente a influência dos Preceitos Herméticos em qualquer religião digna desse nome, quer seja uma religião conhecida pelo homem, uma religião morta ou que esteja em pleno vigor em nossos dias. Sempre há alguma correspondência entre elas apesar das aparências contraditórias, e os Preceitos Herméticos atuam como o seu Grande Reconciliador".[7] Em outras palavras, verdades básicas, como a crença em um verdadeiro e único Criador ou levar uma vida piedosa para se aproximar desse Criador, existem na maior parte das religiões do globo. *O Caibalion* continua dizendo: "A obra de Hermes parece ter sido criada com o fim de plantar a grande Verdade-Semente que se desenvolveu e germinou em tantas formas estranhas, mais depressa do que se teria estabelecido uma escola de filosofia que dominasse o pensamento do mundo".[8] Essas verdades incluídas nos antigos ensinamentos de Trismegisto surgem, segundo *O Caibalion*, "quando os ouvidos do discípulo estão preparados para ouvir".[9]

---

[7] Os Três Iniciados. *The Kybalion: A Study of the Hermetic Philosophy of Ancient Egypt and Greece*. Chicago: The Yogi Publication Society, 1908, pp. 9-10. [*O Caibalion*. São Paulo: Pensamento, 2ª edição 2021, p. 11.]

[8] *Ibid.*, p. 11.

[9] *Ibid.*, p. 5.

Nos tempos antigos das civilizações grega e romana, as sociedades em geral floresciam quando os habitantes filosofavam e falavam de ideias e crenças. Nos dias atuais, as pessoas podem não dar atenção a todos os lados da história, em especial quando são compartilhadas crenças sobre religião, política e assim por diante. Se nas comunidades de hoje as pessoas pudessem voltar a ter conversas significativas e passassem a ensinar e a compartilhar informações sobre os princípios básicos da vida, poderiam se beneficiar da compreensão do mundo e de todos que vivem nele.

Capítulo 4

OBRAS ESCRITAS DE HERMES TRISMEGISTO

A obra escrita de Trismegisto é dividida em duas áreas, a Hermética filosófica, considerada mais espiritual, e a Hermética técnica, considerada mais científica e que inclui a alquimia e a astrologia. Muitas vezes, essas áreas coexistem para levar uma compreensão mais completa ao leitor. O *Corpus Hermeticum* inclui mais conteúdo do lado filosófico dos ensinamentos de O Três Vezes Grande, enquanto *A Tábua de Esmeralda* e as obras escritas sobre astrologia, alquimia e magia são conhecidas como seus ensinamentos técnicos.

O *Caibalion* ensina a obra de Trismegisto por meio de sete princípios herméticos, que afloram em toda a extensão dos seguintes livros examinados.

Corpus Hermeticum

O *Corpus Hermeticum* combina 18 tratados ou breves obras escritas atribuídas a Hermes Trismegisto. *O Divino Pimandro* é outra tradução de muitas das obras escritas de Hermes Trismegisto incluídas no *Corpus Hermeticum*. *O Divino Pimandro* inclui traduções de "Poimandres o Pastor de Homens" e 13 outros tratados creditados a Trismegisto. As traduções desses dois livros diferem ligeiramente, mas as ideias principais são similares.

O *Corpus Hermeticum* inclui uma série de textos chamados genericamente de "hermética filosófica de Hermes Trismegisto". Veja a seguir resumos de várias seções incluídas no *Corpus Hermeticum*.

"Poimandres, o Pastor de Homens"

A primeira seção do *Corpus Hermeticum*, "Poimandres, o Pastor de Homens", expõe uma experiência mística. Hermes Trismegisto recebe uma visão de Poimandres durante a meditação. Trismegisto pergunta quem está chamando e recebe a resposta: É o Homem-Pastor, ou Poimandres, a Mente. Trismegisto tem uma visão que se transforma em luz, que se transforma em natureza e depois novamente em luz. "Essa Luz", Poimandres declara, "sou eu, teu deus, a Mente, anterior à Natureza Úmida que surgiu da Escuridão; a Palavra-Luz (Logos) [que surgiu] da Mente é o Filho de Deus."[10] Poimandres continua: "Portanto, compreenda a Luz e faça amizade

---

[10] Hermes Trismegisto. *The Corpus Hermeticum*, p. 5.

com ela".[11] Nenhuma filiação religiosa é mencionada nesses escritos por Trismegisto, mas ele declara que Deus criou Tudo, que Deus é tudo e em tudo está Deus.

Poimandres continua: "Contemplaste em Mente a Forma Arquetípica cujo ser está antes do começo sem fim". Em outras palavras, Deus é o Criador de tudo, e é Mente, de modo que da mente de Deus tudo é criado. Ele estava no Universo antes do começo e criou tudo, e tudo está dentro Dele, assim como Ele está dentro de tudo. Isso se refere ao princípio hermético do mentalismo, que será discutido mais à frente neste livro. "Poimandres, o Pastor de Homens" inclui uma discussão de que, pela vontade de Deus, veio a formação do Cosmos, dos elementos, da natureza e do destino. "Dos elementos que estão para baixo, a Natureza gerou vidas sem razão; pois Ele não estendeu a razão (Logos) [a elas]."[12] Poimandres explica que essas "vidas" sem razão incluem coisas aladas, coisas que nadam, "coisas de quatro patas e répteis, animais selvagens e mansos".[13]

Durante a visita de Poimandres a Trismegisto, ele afirma que "A Mente do Pai de Todos, sendo Vida e Luz, criou o homem coigual ao Pai e por Ele se apaixonou, pois era Seu próprio filho".[14] Poimandres diz: "A natureza, assim, criou molduras para se adequar à forma do homem. E o homem, vindo da Luz e da Vida, transformou-se em alma e mente – da Vida para a alma, da Luz

---

[11] *Ibid.*, p. 5.
[12] *Ibid.*, p. 6.
[13] *Ibid.*, p. 6.
[14] *Ibid.*, p. 6.

para a Mente".[15] Ele declara que o homem tem de viver de modo piedoso e ser bom, e aqueles que conquistam a gnose, ou entendimento espiritual, serão "feitos um com Deus"[16] e serão imortais. O espírito de uma pessoa é considerado energia viva. A pessoa deve usar esse poder espiritual para o bem, não para o mal, porque aqueles que são "ímpios" jamais conhecerão a Deus. Os homens têm livre-arbítrio para escolher o bem em vez do mal, por isso aqueles que escolherem levar uma vida piedosa tornar-se-ão unos com Deus em seguida à morte física, quando o corpo é rendido e as energias ascendem por entre variadas zonas em direção "à casa do Pai".[17] Na tradução intitulada *The Divine Pymander* [O Divino Pimandro ou Poimandres], Pimandro (chamado de Poimandres em *Corpus Hermeticum*) declara: "Este é o bom final daqueles que alcançam o conhecimento para se tornarem divinos".[18] Após a visão que tem de Poimandres, Trismegisto passa a difundir o testemunho de seu conhecimento para outros.

Os Princípios Herméticos de *Corpus Hermeticum*

Os tratados remanescentes do *Corpus Hermeticum* incluem referências aos princípios herméticos. O tratado "Para Asclépio" inclui uma conversa entre Hermes Trismegisto e Asclépio, que se

---

[15] *Ibid.*, p. 8.
[16] *Ibid.*, p. 11.
[17] *Ibid.*, p. 11.
[18] Hermes Trismegisto. *The Divine Pymander*, p. 14.

acredita ter sido seu aluno. Ao longo da discussão, Trismegisto fala de vários princípios, incluindo a vibração, a ser discutida no Capítulo 9, e a causalidade, que será tratada no Capítulo 12. Trismegisto pergunta, por exemplo, se a força motora tem maior poder que aquele que é movido. Asclépio afirma que sim. Isso se refere ao princípio hermético da causalidade, esboçado em *O Caibalion*, que declara que toda causa tem um efeito e todo efeito tem sua causa. É melhor ser a causa que o efeito.

O princípio hermético da vibração, que explica que tudo, toda matéria, está em constante vibração devido à constituição atômica da matéria, é também mencionado. Asclépio questiona a afirmação de Trismegisto de que nada é vazio, chamando a atenção para coisas como jarros e xícaras vazios. Trismegisto responde que o ar enche esses recipientes vazios, que, portanto, não são nulidades. Em outras palavras, Trismegisto antecipa a descoberta dos átomos, dizendo que tudo é alguma coisa, mesmo que tal coisa não possa ser vista a olho nu. A vibração, ou energia, é mencionada em todo o *Corpus Hermeticum*, inclusive numa discussão entre Trismegisto e Tat – que se acredita seja seu filho ou aluno – em "Sobre a Mente Comum". Trismegisto diz que não há nada no Universo que não viva. Ele continua: "Pois o Pai quis que houvesse Vida enquanto existisse o Universo".[19] Tat questiona então a ocorrência da morte em todos os seres vivos. Trismegisto responde: "Eles não morrem, meu filho; são dissolvidos como corpos compostos. Mas a dissolução não é a morte, é apenas dissolução de um composto; é dissolvido

---

[19] Ibid., *The Corpus Hermeticum*, p. 66.

não para que possa ser destruído, mas para que possa ser renovado".[20] A energia nunca é criada ou destruída. Ela simplesmente muda de forma.

Em "Embora Deus Não Manifesto Seja o Mais Manifesto", Trismegisto está de novo falando com Tat no *Corpus Hermeticum*. Trismegisto se refere ao princípio hermético do mentalismo, afirmando: "O fato é que 'pensamento manifesto' lida com coisas feitas sozinhas, pois pensamento manifesto nada mais é que o ato de fazer".[21] Esse princípio declara que as criações no plano físico vêm primeiro do plano mental e dos pensamentos do criador. Pensamentos de escritores se tornam palavras escritas, pensamentos de pintores se tornam arte, pensamentos dos *chefs* de cozinha se tornam refeições de alto padrão e assim por diante. O princípio do mentalismo é discutido mais adiante neste livro.

"Sobre Pensamento e Sensação" no *Corpus Hermeticum* discute os planos físico e mental. "Então sensação e pensamento fluem juntos para o homem, como se estivessem entrelaçados um no outro. Pois não se pode pensar sem sentir nem se pode sentir sem pensar."[22]

Em todo o *Corpus Hermeticum*, Deus, o Criador, é mencionado como Bom. Trismegisto escreve que bons pensamentos são as sementes de Deus e pensamentos contraditórios são "obra de demônios do mal".[23] Trismegisto declara: "O maior mal que existe

---

[20] *Ibid.*, p. 66.
[21] *Ibid.*, p. 27.
[22] *Ibid.*, p., 38.
[23] *Ibid.*, p., 38.

é não conhecer o Bem de Deus"[24] e "O grande mal da alma é a impiedade; depois, para todas as coisas más e para nada de bom, segue-se a fantasia."[25] Trismegisto escreve muitas vezes sobre o livre-arbítrio. Ele declara: "A Mente, sendo Governante de todas as coisas, e sendo Alma de Deus, pode fazer o que quiser."[26]

O destino também é responsabilizado pelas opções indesejáveis do homem. Trismegisto menciona a ideia de karma em conexão com o destino. "Está predestinado, também, que aquele que faz o mal sofrerá."[27] Ele continua dizendo que aqueles comandados pela razão da mente não suportam tanto sofrimento quanto os outros. Trismegisto declara que a gnose, ou compreensão, da alegria forçará a tristeza a fugir, e muitas vezes sugere cantar louvores e louvar a Deus, o Bem, o Pai.

Trismegisto discute a vastidão do Cosmos e como não pode existir nada maior. Isso é mais bem examinado em *O Caibalion*, que declara que O TODO criou tudo e está em tudo e, portanto, nada pode existir fora de O TODO. O *Corpus Hermeticum* declara: "Ele é aquele de nenhum corpo, aquele de muitos corpos, ou melhor, o de todos os corpos",[28] referindo-se a Deus. "A fonte, o limite e a constituição de todas as coisas é Deus."[29]

---

[24] *Ibid.*, p., 59.
[25] *Ibid.*, p., 61.
[26] *Ibid.*, p., 63.
[27] *Ibid.*, p., 62.
[28] *Ibid.*, p. 30.
[29] *Ibid.*, p. 37.

A Tábua de Esmeralda de Hermes

A maioria dos estudiosos sabe que *A Tábua de Esmeralda*, ou hermética técnica, inclui principalmente escritos técnicos creditados a Hermes Trismegisto, mas essa obra também inclui alguns dos princípios filosóficos discutidos mais adiante neste livro. *A Tábua de Esmeralda*, basicamente uma lista de declarações numeradas mais ou menos do tamanho de uma página, é considerada um modelo para o estudo da alquimia e a criação da pedra filosofal. A alquimia é uma predecessora da química. Algumas das práticas, técnicas e ferramentas usadas na alquimia em tempos antigos são usadas ainda hoje. Aqueles que inicialmente praticavam a alquimia o faziam em segredo, compartilhando fórmulas por meio de símbolos que só outros alquímicos eram capazes de entender. Os principais objetivos dos alquimistas era transformar metal em ouro por meio de "magia", ou transmutação da matéria, e criar a pedra filosofal, que acreditava-se ser capaz de dar a vida eterna.

Os segredos de *A Tábua de Esmeralda* foram traduzidos no decorrer dos séculos. A maioria das traduções é semelhante, classificando os escritos em até 14 declarações distintas, com pequenas diferenças entre as traduções devido à evolução das línguas faladas na época da tradução. Uma tradutora, Helena P. Blavatsky, também conhecida como Madame Blavatsky, afirma em um comentário geral sobre *A Tábua de Esmeralda* que "o agente universal, mágico, a luz astral, fornece nas correlações de suas forças o alkahest*, a pedra filosofal, o elixir da vida".[30] Blavatsky continua dizendo que a filosofia hermética identifica esse "agente universal, mágico", como "a alma do mundo". Encontrar a pedra filosofal para trazer a vida eterna e curar doenças era um objetivo dos primeiros alquimistas. Poderíamos então concluir que, se os alquimistas pudessem ganhar controle de sua "luz astral", seriam capazes de criar a pedra filosofal. Em seguida estão exemplos traduzidos das declarações de Hermes Trismegisto incluídas em *A Tábua de Esmeralda* e um comentário adicional relativo a elas.

De Fulcanelli, traduzido do francês: "1) Esta é a verdade, somente a verdade, nada mais que a verdade".[31] A frase é usada com frequência em tribunais por aqueles que estão prestes a testemunhar perante o júri e, segundo Trismegisto, a declaração menciona que a totalidade do texto deve ser tomada como verdade. "2) Que o que está em cima vem do que está embaixo, e o que está embaixo vem do que está em cima, operando os milagres de uma pessoa"[32] é o que diz a tradução de Jabir ibn Hayyan. Em um comentário relativo a essa verdade de *A Tábua de Esmeralda*, o filósofo conhecido como Hortulanus declara que a pedra filosofal está dividida em duas partes: "[A] parte inferior é a terra, que é chamada ama de leite e fermento, e a parte superior é o espírito, que revigora a pedra

---

* Solvente universal, muito procurado pelos alquimistas, que seria capaz de dissolver todas as outras substâncias, incluindo o ouro. (N. do T.)

[30] Hermes Trismegisto. *The Emerald Tablet of Hermes*, vários tradutores. Los Angeles: Merchant Books, 2013, p. 35.

[31] *Ibid.*, p. 20.

[32] *Ibid.*, p. 7.

inteira e a levanta. Devido ao que, feita a separação e celebrada a conjunção, muitos milagres são afetados".[33] A ideia de assim em cima como embaixo, e vice-versa, é discutida em O Caibalion como o princípio de correspondência, significando que as mesmas verdades existem em todos os planos – físico, mental e espiritual.

Da alegada tradução fenícia de Kriegsmann, "3) E como o Universo inteiro foi gerado de um único pela palavra de um único Deus, também todas as coisas são regeneradas de modo perpétuo desse único segundo a disposição da Natureza".[34] Pode-se então concluir que todas as coisas vêm do Criador e que todas as coisas virão sempre desse único Criador.

A quarta afirmação do texto declara que o pai é o Sol e a mãe é a Lua. Segundo o comentário de Titus Burckhardt, o Sol "é o espírito (*nous*), enquanto a Lua é a alma (*psyche*)".[35] Com relação a essa noção, como a Lua está associada à água e o Sol ao fogo, de acordo com o comentário de uma pessoa identificada apenas como Schumaker no texto, "compreende-se que a *prima materia* foi gerada por fogo, nascida da água, arrebatada do céu pelo vento e nutrida pela Terra".[36] Uma crença mantida pelos primeiros alquimistas era de que a matéria é feita de quatro elementos – Terra, Água, Ar e Fogo. Isso não é mais aceito como verdade. Hoje os químicos já descobriram mais de uma centena de elementos que constituem diferentes estados da matéria. Os estados comuns da matéria –

---

[33] Ibid., p. 25.
[34] Ibid., p. 15.
[35] Ibid., p. 27.
[36] Ibid., p. 12.

sólida, líquida, gasosa e plasma – podem ser considerados intimamente relacionados às teorias dos alquimistas.

Várias traduções da quinta declaração, fazendo uma possível referência à pedra filosofal, mencionam que o vento carregou o segredo com ele, em sua barriga, enquanto a terra o amamentou. A sexta declaração diz que tudo nesta Terra vem dela e que seu poder é perfeito.

Parece que a sétima declaração se refere, nas traduções, ao processo de alquimia. A declaração de Trismegisto discute a separação da terra do fogo, a separação "do sutil e fino do cru e grosseiro",[37] segundo a tradução de Georgio Beato, o *Aurelium Occultae Philosophorum*. Um comentário de Sigismund Bacstrom se refere a esse processo como destilação, enquanto Schumaker afirma que a matéria-prima deve estar fixada a uma substância para que possa ser manuseada.

Da tradução de Madame Blavatsky, temos esta afirmação: "8) Ascender da Terra ao céu com a maior sagacidade e unir o poder das coisas inferiores e superiores".[38] O comentário descreve essa verdade técnica de Trismegisto como um processo de destilação, possivelmente relacionado à alquimia. As declarações técnicas restantes em *A Tábua de Esmeralda* incluem a tradução de Idries Shah, "9) Assim, teremos a iluminação do mundo inteiro e as trevas desaparecerão".[39] O comentário da tradução conclui que isso significa que a pedra pode fornecer *insights* e, segundo Burckhardt, "a luz do

---

[37] *Ibid.*, p. 12.
[38] *Ibid.*, p. 19
[39] *Ibid.*, p. 22.

Espírito se torna constante [e] a ignorância, o engano, a incerteza, a dúvida e a tolice serão removidos da consciência",[40] com a pessoa que segue esses preceitos tornando-se mais próxima de Deus ou formando uma unidade com Ele. A décima declaração das traduções de A Tábua de Esmeralda refere-se a algo, possivelmente à pedra filosofal, como todo-poderoso e capaz de superar o sutil e penetrar no sólido. A décima primeira dirá que foi assim que o mundo foi criado. Quanto à décima segunda declaração técnica, "disto nascem adaptações maravilhosas", os meios para alcançá-las são mencionados no texto.

No que se admite ser a décima terceira declaração, Trismegisto refere-se a si próprio como possuidor de três partes desse conhecimento filosófico. Burckhardt comenta que essas três partes são basicamente os reinos físico, mental e espiritual, enquanto Schumaker proclama Trismegisto como o "maior filósofo, o maior sacerdote e o maior rei",[41] portanto, Três Vezes Grande. A maioria das traduções conclui com uma décima quarta declaração que se refere basicamente às declarações anteriores como a obra completada do Sol.

Diz-se que A Tábua de Esmeralda inclui a sabedoria do Universo inteiro. Embora a pedra filosofal nunca tenha se materializado para esses antigos alquimistas, eles descobriram práticas, ferramentas e técnicas durante seus estudos que ainda hoje são usadas. Com frequência lhes é atribuído o mérito de ter pavimentado o caminho para os químicos dos tempos modernos.

---

[40] *Ibid.*, p. 33.
[41] *Ibid.*, p. 35.

SEÇÃO II

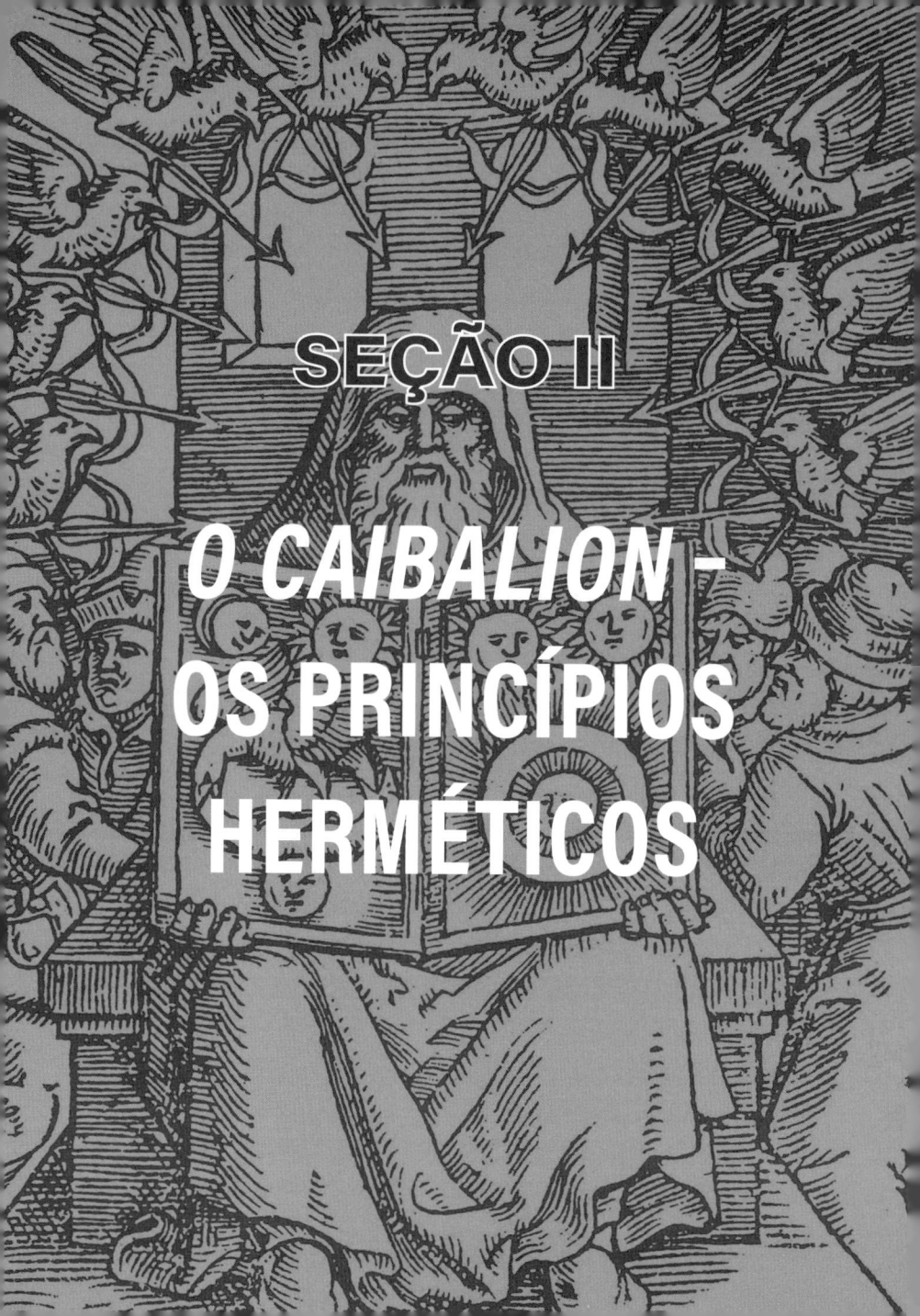

O CAIBALION – OS PRINCÍPIOS HERMÉTICOS

O Caibalion define os sete princípios herméticos que teriam sido descritos por Hermes Trismegisto. Publicado pela Yogi Publication Society em 1908, *O Caibalion* é um olhar filosófico para esses princípios básicos, ou leis, evidentes nas religiões e nos sistemas de crença globais. Ninguém foi capaz de confirmar as identidades dos que de fato escreveram *O Caibalion*, pois os autores só se referem a si mesmos como "Os Três Iniciados". Explicam cada um dos sete princípios herméticos e como eles se manifestam na vida diária. Esses princípios estão interconectados e aqueles dispostos a se educar podem usar essas "leis" para se tornarem mais iluminados e conscientes de si mesmos e do mundo ao seu redor.

Nesta seção, é apresentada uma visão geral de *O Caibalion* e são explicados os princípios herméticos. Especialistas, de terapeutas e professores a cientistas e yogues, compartilham como veem e interagem, a cada dia, com esses princípios e como os leitores podem incorporar essas antigas verdades a suas vidas.

Capítulo 5

O CAIBALION

Caibalion explica as filosofias de Trismegisto e como a sabedoria só é recebida "[quando] os ouvidos do discípulo estão preparados para ouvir".[42] Embora muitos ensinamentos herméticos se destinassem apenas a grupos que estudavam o hermetismo e aos iniciados, ou iluminados, *O Caibalion* declara: "A posse do Conhecimento, a menos que seja acompanhada por uma manifestação e se expresse em Ação, é como o entesouramento de metais preciosos – uma coisa vã e tola. Como a riqueza, o conhecimento é destinado ao uso".[43] A filosofia hermética inclui ensinamentos como: Todas as coisas existem porque o Uno criou tudo; em tudo existe o Criador; e nada está jamais em repouso, mas em constante vibração.

---

[42] Os Três Iniciados. *O Caibalion*. São Paulo: Pensamento, 2ª edição, 2021, p. 5.
[43] *Ibid.*, p. 159.

Ganhando popularidade ao longo dos anos 1900 e início dos anos 2000, O *Caibalion* tem sido discutido e revisto por muitos acadêmicos e leigos, todos querendo aprender mais sobre o antigo conhecimento egípcio e grego e como ele pode ser incorporado à vida cotidiana para trazer maior consciência e maior compreensão da realidade.

O *Caibalion* declara que alguém que estuda o hermetismo deve continuar a estudar as visões científicas do Universo, bem como entender o princípio do mentalismo, que declara, "O TODO é Mente; o Universo é Mental – está contido na Mente de O TODO".[44] O princípio do mentalismo, que tem relação com o princípio da correspondência ("assim em cima como embaixo; assim embaixo como em cima")[45], pode ser difícil de ser compreendido. É preciso, no entanto, entender que arte, edifícios, vestuário e outras coisas vêm primeiro da mente do criador humano mas, em última instância, vêm da mente de O TODO. Todas as coisas criadas na natureza existem por causa de O TODO. Tudo existiu primeiro na mente de O TODO e depois se tornou realidade, assim como um roteirista de cinema cria primeiro a compreensão mental de um personagem ficcional e depois esse personagem "ganha vida" na tela. O personagem exibe traços específicos de personalidade, mas parte do criador continua existindo dentro do personagem. O personagem se tornará algum dia o criador? Não, mas o criador será sempre parte do personagem porque tal personagem "nasceu" na mente do criador.

---

[44] *Ibid.*, p. 70.
[45] *Ibid.*, p. 26

O Caibalion afirma: "Enquanto Tudo está no O TODO, é igualmente verdadeiro que O TODO está em Tudo. Aquele que realmente compreender essa verdade terá alcançado um grande conhecimento".[46] *O Caibalion* apresenta este exemplo: "O TODO está no verme, mas este está longe de ser O TODO".[47] Embora O TODO seja parte da minhoca, a minhoca jamais será O TODO, pois O TODO é incognoscível e infinito. Mas O TODO – a Fonte, o Criador, Deus e assim por diante – é parte de cada pessoa e de tudo no Universo e, na verdade, é o Universo.

Os autores de *O Caibalion* dizem que o pensamento hermético influenciou os primeiros filósofos da Grécia, que lançaram as bases da moderna teoria científica. Embora o princípio do mentalismo declare que tudo no Universo é "mental", *O Caibalion* diz que "o Universo e suas leis, assim como seus fenômenos, são exatamente tão REAIS, naquilo que diz respeito ao Homem".[48] Mas continua, para afirmar que, pelo fato de estar em constante estado de mudança, o Universo é desprovido de realidade. Os seres humanos, no entanto, "somos compelidos a AGIR E VIVER como se as coisas transitórias fossem reais e substanciais".[49] Assim, embora se diga que tudo e todos foram criados na mente de O TODO, os seres humanos existem nessa realidade e devem continuar a aprender e se desenvolver para conseguir alcançar um nível mais elevado de compreensão e consciência.

---

[46] *Ibid.*, p. 85.
[47] *Ibid.*, p. 78.
[48] *Ibid.*, p. 71.
[49] *Ibid.*, p. 91.

Capítulo 6

OS SETE PRINCÍPIOS HERMÉTICOS

Embora distintos, os sete princípios herméticos esboçados em *O Caibalion* trabalham juntos para promover uma compreensão melhor da realidade, de como o Universo funciona e da interconectividade de tudo. Esses sete princípios podem ser encontrados nas várias religiões e sistemas de crenças ao redor do globo e são semelhantes a uma série de leis universais, que costumam ser aceitas como verdade. Os princípios herméticos da correspondência, vibração e da causalidade (de causa e efeito) são considerados leis universais, assim como a lei da compensação, mencionada em *O Caibalion* mas não identificada como um dos sete princípios herméticos.

1. O Princípio do Mentalismo: Tudo é mente.
2. O Princípio da Correspondência: Existem planos – corpo, mente e espírito.

3. O Princípio da Vibração: Tudo é energia.
4. O Princípio da Polaridade: Tudo é um grau de seu oposto.
5. O Princípio do Ritmo: O pêndulo da vida balança.
6. O Princípio da Causalidade: Tudo é causa ou efeito.
7. O Princípio de Gênero: Existem energias masculinas e femininas em tudo.

Esses princípios herméticos trabalham juntos em todos os aspectos da vida. Uma lei que ganhou mais reconhecimento em anos recentes – devido à popularidade do livro e documentário *O Segredo* – é a lei da atração. Parece que muitos princípios herméticos estão em ação na lei da atração, que declara que os pensamentos podem se manifestar como realidade. O princípio do mentalismo está incorporado na lei da atração, em que toda criação vem da mente, mais especificamente, a mente de O TODO. O princípio da vibração, que declara que tudo e todos são vibração, ou energia, está incorporado na lei da atração: energia atrai energia. O princípio da causalidade, que declara que tudo é uma causa ou efeito, reflete a lei da atração. Por exemplo, se alguém age com base em um pensamento, essa ação leva a um resultado, e assim por diante.

Os capítulos seguintes examinam os ensinamentos herméticos de Trismegisto, como explicado em *O Caibalion*, e descrevem como essas verdades podem ser descobertas na vida diária e além.

Capítulo 7

PRINCÍPIO 1: O PRINCÍPIO DO MENTALISMO

*"Quer você ache que pode ou
ache que não pode – você está certo."*
– Henry Ford, fundador da Ford Motor Company

"Está tudo na sua cabeça." Às vezes essa frase pode dar coragem a alguém que não tem certeza se deve correr um risco, como se atirar do trampolim mais alto na piscina. Numa situação diferente, essas palavras podem ajudar uma pessoa que acabou de acordar a dar-se conta de que a sombra vista na esquina durante um pesadelo é imaginária, uma ilusão criada pela mente. Mas para a pessoa na beira do trampolim com medo de cair de mau jeito na água ou para quem acordou em pânico, esses pedaços de realidade em que "tudo está na sua cabeça" evocam sentimentos e emoções reais. O princípio do mentalismo explica que acontecimentos, sentimentos e outras coisas podem se tornar realidade para as pessoas com base em suas percepções de realidade, em seus pensamentos. *O Caibalion* declara que tudo criado na mente de O TODO, da areia na praia às estrelas no céu e além, é real porque a mente finita da pessoa acredita que é real. A realidade está baseada na percepção. Isso significa que se acreditarmos que podemos voar e saltarmos de um telhado, vamos ascender no céu noturno? Não. Outras leis entram em jogo, como a lei da gravidade. Isso significa que, se acreditarmos que um rato é uma casa, o rato se torna uma casa por causa de nossa percepção? Não. Há outros princípios em jogo. "Não vivemos num mundo de sonhos, mas sim num Universo que, embora relativo, é real na medida em que diz respeito a nossa vida e nossas ações. A nossa razão de ser no Universo não é negar sua existência, mas sim VIVER, usando as Leis para nos elevar dos graus inferiores aos graus superiores, dando o melhor de nós nas circunstâncias que surgem a cada dia e vivendo – na medida do possível – conforme nossas ideias e ideais mais elevados."[50]

O princípio do mentalismo concentra-se na percepção: tudo é possível se uma pessoa acredita que é possível. Embora o hermetismo não seja especificamente uma religião, os ensinamentos da filosofia hermética são vistos em diversos sistemas de crença e religiões pelo mundo afora. No Novo Testamento, Marcos 11,24 alude ao

---

[50] Os Três Iniciados. *O Caibalion: Estudo da Filosofia Hermética do Antigo Egito e da Grécia*. São Paulo: Pensamento, 2ª edição, 2021, p. 72.

princípio do mentalismo: "Por isso vos digo: Tudo quanto suplicardes e pedirdes, crede que já o recebestes, e assim será para vós".[51]

Isso significa que se uma pessoa realmente acredita que terá um encontro romântico com uma determinada celebridade no próximo fim de semana o encontro acontecerá? Não necessariamente. Os eventos acontecem conforme uma lei. Aquilo em que uma pessoa acredita e para o qual trabalha pode não acontecer naquele momento preciso ou em qualquer ocasião futura, mas também pode acontecer. E se não acontece é porque não era para acontecer na vida da pessoa, o que poderia nos remeter ao princípio da causalidade, que afirma que tudo acontece como definido por lei e que nada acontece por acaso. Mas se uma pessoa não recebe o que é desejado, algo melhor está a caminho e se dará a conhecer no momento destinado a acontecer.

> *"O TODO é MENTE; O Universo é Mental."*
> – O Caibalion

O Caibalion afirma que o princípio hermético do mentalismo "explica a verdadeira natureza da 'Força', da 'Energia' e da 'Matéria', e como e por que todas elas são subordinadas ao domínio da mente".[52] O livro chama a atenção para algo escrito por um velho mestre

---

[51] *The Holy Bible, King James Version* (Nashville, Tennessee: Thomas Nelson Publishers, 1989), p. 837. Citação em português: *Bíblia de Jerusalém*. São Paulo: Ed. Paulus, 2002, p. 1776.

[52] Os Três Iniciados. *O Caibalion: Estudo da Filosofia Hermética do Antigo Egito e da Grécia*. São Paulo: Pensamento, 2ª edição, 2021, p. 25.

hermético: "Aquele que compreende a verdade da Natureza Mental do Universo está bem avançado no Caminho da Mestria".[53] Se compreendemos os ensinamentos herméticos de "transmutação mental" ou de mudar e transformar pensamentos em outras formas, podemos criar realidade. O *Caibalion* declara que, quando uma pessoa se concentra na irrealidade das coisas, ela ignora o trabalho prático. Na realidade, a pessoa deveria usar "a Lei contra as leis; o superior contra o inferior; e, pela Arte da Alquimia, transmutar as coisas indesejáveis no que é precioso, o que a faz triunfar".[54] O que significa essa afirmação? Aprenda a vibrar numa frequência mais alta – isto é, escape da dor ascendendo a uma consciência mais elevada – e lembre-se de que a "transmutação, e não a negação presunçosa, é a arma do Mestre".[55] Como a transmutação, ou mudança, é inevitável, deve-se trabalhar com esse fato, não contra ele.

Aqueles que buscam o conhecimento, que estão atentos à intuição e praticam o encontro com seus eus superiores, estão a caminho de seu bem maior, "e a estrada conduz sempre para cima".[56]

O Poder da Mente

A mente é uma criação muito complexa. Se os pensamentos de uma pessoa são inspiradores e positivos, as emoções, ações físicas e reações dessa pessoa seguirão o mesmo caminho. Em vez de se

---

[53] *Ibid.*, p. 25.
[54] *Ibid.*, p. 61.
[55] *Ibid.*, p. 62.
[56] *Ibid.*, p. 75.

concentrar em preocupação, dúvida ou medo, a pessoa deve aprender a apreciar cada momento da vida, mesmo que a princípio um determinado momento provoque uma resposta negativa ou não benéfica em termos físicos, mentais, emocionais ou espirituais. O mentalismo é um componente-chave de um *mindset* (atitude mental) positivo e de uma mudança de postura. Se a pessoa deseja alcançar um objetivo, ela está motivada para trabalhar e melhorar para, por fim, alcançar esse objetivo. Tudo é possível!

Cada pessoa deste planeta tem pensamentos circulando o dia todo e a noite toda em sua mente. A mente nunca para de trabalhar. É uma máquina poderosa que pode ser usada como um benefício ou um obstáculo, dependendo do estado de espírito da pessoa ou de seu nível de bem-estar físico, emocional e espiritual. Mudar nossa mente não é um processo fácil. Para alguns, isso pode parecer impossível, pois acham que não seriam capazes de alterar hábitos negativos, não saberiam alterá-los, temem o que viria depois de alcançarem um objetivo ou simplesmente não querem fazer o esforço para elevar a consciência sobre as possibilidades desta vida.

Com a quantidade disponível de vídeos, memes, artigos, livros, aulas, sessões e outros recursos motivacionais, inspiradores e terapêuticos, qualquer um pode aprender e se esforçar para ser uma pessoa melhor se assim o desejar. Todos enfrentam dificuldades. É o poder da mente e a capacidade de controlar os pensamentos e emoções que permitem que uma pessoa supere desafios, continue a crescer e a avançar na vida. A ajuda está disponível. Mas precisamos fazer um esforço consciente para usar essas ferramentas e técnicas, insistindo em desenvolver hábitos que levarão a resultados melhores.

Se a mente acredita que algo é alcançável, as possibilidades são inesgotáveis. O renomado físico Albert Einstein disse o seguinte: "A imaginação é tudo. É a prévia das futuras atrações da vida". A imaginação pode levar à criação de uma forma tangível do imaginado. Os pensamentos levam à manifestação. No entanto, pensamentos de preocupação, ansiedade, tristeza, ingratidão, e assim por diante, não *têm* de resultar em manifestação. Uma pessoa que treinou a mente para reconhecer esses pensamentos (que podem levar a reações negativas emocionais e físicas) e sabe dispensá-los, assumindo um *mindset* mais positivo e grato, pode manifestar aspectos da vida mais positivos e benéficos. Apesar das dificuldades, muitos no mundo de hoje têm superado contratempos e criado uma vida melhor para si mesmos. É possível, mas exige trabalho, apoio e determinação. Não desista. Trabalhe e faça as mudanças necessárias para criar uma realidade melhor.

Citações Motivacionais e Inspiradoras

* "Você tem algo especial. Há grandeza em você. Você tem a aptidão para criar riqueza. Tem aptidão para causar impacto. Tem aptidão para fazer a diferença."[57] – Les Brown, palestrante motivacional.

---

[57] Les Brown. Revista *Success*. "The Story You Believe About Yourself Determines Your Success", vídeo do YouTube, 8 de outubro de 2017, 22h38, https://www.youtube.com/watch?v=68Wz25NMX2k.

- "Deus não colocou isso na imaginação deles. Colocou na sua. Era a prova que você tinha de coisas não vistas. Veja, você devia começar a trabalhar com tudo isso que tem imaginado, pois é o que Deus realmente mandou para você. Sua vida real está na sua imaginação."[58] – Steve Harvey, apresentador, palestrante motivacional.
- "Para onde quer que vá o foco, a energia flui. [...] Você pode ter sonhado com algo, pensado em algo, falado sobre algo, mas quando nos concentramos em algo de modo contínuo, alguma coisa mágica acontece. Novas ideias nos ocorrem."[59] – Tony Robbins, palestrante motivacional.

Meios de Crescer e Entender a Mente

No mundo de hoje, uma infinidade de informações para auxiliar o crescimento mental está disponível ao clique de um botão. Seja um vídeo inspiracional do YouTube, um meme estimulante na rede social ou um artigo sobre como ter um *mindset* mais positivo, as informações estão à disposição de todos.

Com tantas informações disponíveis, por onde podemos começar a jornada para a conscientização, a educação e a iluminação? Comece descobrindo um objetivo. O objetivo pode ser obter uma

---

[58] Steve Harvey. The Official Steve Harvey. "Imagination Is Everything", vídeo do YouTube, 10 de junho de 2019, 3h12, https://www.youtube.com/watch?v=TbEMIw3ecGI.

[59] Tony Robbins. "Where Focus Goes, Energy Flows", vídeo do YouTube, 17 de janeiro de 2017, 01h26, https://www.youtube.com/watch?v=Z6nv26BTzKA.

visão mais positiva da vida. Pode ser aprender uma nova técnica. Ou o objetivo pode ser construir relacionamentos mais significativos. Seja qual for o objetivo, é possível atingi-lo se acreditarmos que isso é possível e trabalharmos para alcançá-lo. Leva tempo, mas qualquer coisa pode acontecer.

Há uma noção não confirmada de que, quando o Universo expõe um pensamento para o mundo, alguém vai pensá-lo e fazer o que for preciso para transformá-lo em realidade. Então, se a motivação atinge alguém, a pessoa deve agarrá-la e levá-la adiante. Se alguém acredita que algo é possível, então é possível.

A percepção representa uma enorme parcela da mente. Alguém que pensa de uma certa maneira ou é movido por um ideal específico pode não estar disposto a mudar essa percepção. Pessoas diferentes podem ter visões diferentes de um determinado indivíduo ou evento com base na percepção. Sejam os detalhes de um acidente que testemunharam, a mensagem de um livro ou de um filme ou as motivações de outra pessoa, essas crenças e pensamentos estão baseados na experiência pessoal, em ideias preconcebidas, preconceitos e outras coisas desse tipo. Ter, no entanto, a mente aberta permite que a pessoa encare de modo objetivo todos os fatos de uma situação, o que lhe permite tomar decisões imparciais e sem preconceitos ante todos os aspectos da vida.

Mudando de *Mindset*

Mindset de crescimento *versus mindset* estabelecido é um conceito que tem sido adotado recentemente no mundo corporativo e em instituições educacionais. Carol Dweck, Ph.D., psicóloga da Universidade Stanford, usou pela primeira vez esses dois termos em seu livro *Mindset: The New Psychology of Success* (Mindset: A Nova Psicologia do Sucesso). Muitos líderes e professores da área de administração de empresas têm usado essas estratégias no treinamento de funcionários ou nas aulas, educando-os sobre como mudar sua maneira de pensar para que sejam mais produtivos.

A pessoa com um *mindset* de crescimento acredita que o sucesso é possível com educação e esforço. A maioria dos atletas têm um *mindset* de crescimento no que se refere aos esportes que praticam. Treinam muitas horas por dia, não abrem mão de seus sonhos e estão sempre melhorando, tanto física como mentalmente, para alcançar seus objetivos. Algumas pessoas têm um *mindset* de crescimento com relação a certas aptidões, mas um *mindset* fixo com relação a outras. Por exemplo, um escritor pode acreditar que educação e experiência vão melhorar sua escrita – mas acha que nunca conseguirá perder peso, uma vez que vem tentando isso há muito tempo sem sucesso. A pessoa com um *mindset* estabelecido acredita que, por mais que tente, jamais terá êxito. Crê que sua atual realidade é como sempre foi e nunca vai mudar.

Para alterar seu modo de pensar, você pode se tornar mais consciente de suas metas pessoais e profissionais e do nível de esforço que terá de fazer para alcançá-las. Segundo o princípio hermético do mentalismo, se uma pessoa acredita mesmo que é possível, a meta pode se tornar realidade. Podemos levar anos para atingir uma certa competência e outros tantos anos para aprimorar essa competência e chegar com êxito à nossa meta. O objetivo, no entanto, pode não ser alcançado. Se isso acontece, a pessoa com um *mindset* de crescimento pode alterar seu curso, criar uma nova meta e acabar mantendo a determinação e a fé de que é ou será bem-sucedida.

É fácil mudar um *mindset*? Depende. Se a pessoa já tem um *mindset* de crescimento em uma área da vida, talvez seja um pouco mais fácil adotar o mesmo *mindset* em outras áreas. Se uma pessoa sempre se sentiu emperrada em situações sem saída, levará tempo para desenvolver uma perspectiva diferente. Ouvir falas inspiradoras, manter uma perspectiva positiva, elevar o nível de consciência, buscar apoio e outras coisas desse tipo podem ajudar uma pessoa a obter orientações sobre o que quer realizar nesta vida – e a adquirir a confiança de que é capaz de fazê-lo.

Benefícios do Exercício para Além do Mero Rendimento Físico

Exercitar o corpo pode levar a um físico esguio e musculoso, mas o ato de mover o corpo para aumentar os batimentos cardíacos e a resistência do coração rende benefícios que superam os benefícios físicos. Mendy Samman, mestra faixa preta em karatê americano e mestra *personal trainer*, acredita que os exercícios físicos são ainda mais importantes para a saúde mental e para a saúde cerebral do que para a saúde física. "Os exercícios fornecem mais sangue para o cérebro. Liberam mais hormônios do bem-estar, nos ajudam a relaxar ao longo do dia e a enfrentar o estresse diário."

O poder da mente desempenha um papel importante no exercício físico. Muita gente hesita em iniciar um processo de condicionamento físico porque teme o desconhecido, tem possíveis restrições físicas ou simplesmente "não tem tempo". Dar pequenos passos em direção a um estilo de vida mais saudável pode ajudar a abrandar a dúvida e a autossabotagem. "Colocamos em nós mesmos limitações que não existem de fato, porque não queremos fracassar ou porque alguém disse que já éramos fracassados", Samman declara. Ela sugere que as pessoas procurem um exercício que as deixe entusiasmadas e se ajuste às suas personalidades. "Se você dançava quando era criança, talvez se sinta conectado a esse tipo particular de exercício", Samman sugere, referindo-se às aulas de barra, realizadas no balé. "Se você gosta de luta e assiste a lutas na TV", ela afirma, "o boxe ou o *kickboxing* podem ser exercícios que o façam se sentir empoderado."

Para Samman, que sofreu uma lesão cerebral quando criança devido a um terrível acidente de bicicleta, a saúde do cérebro tem sido um enorme benefício resultante dos exercícios físicos. "Testemunhei uma melhora significativa em minha capacidade de me concentrar, de pensar com clareza e de reter informações quando passei a me exercitar em vez de passar o tempo todo sentada", explica ela.

Os exercícios físicos ajudaram reduzir o tempo de reação de Samman quando ela competiu no *kickboxing* profissional *full-contact*. "Foi um grande desafio para o meu corpo... Levantamento de peso e treino cardio sem a menor dúvida me ajudaram a ter um melhor desempenho, a pensar mais rápido, a me mover de modo mais rápido, a evitar os golpes." Ela também competiu no karatê americano. "Esse também é divertido. Ajuda o cérebro a responder mais rápido, a fazer as conexões em seu corpo com mais rapidez para que você tenha uma resposta melhor. Você adquire um tempo de reação melhor, o que se reflete até mesmo ao volante ou quando faz as atividades cotidianas."

É claro que os exercícios ajudam a pessoa a ficar mais apta em termos físicos, o que pode melhorar o equilíbrio e evitar que se canse nas atividades do dia a dia. Também ajudam a eliminar dores, como as no quadril, nas costas, no pescoço ou no ombro, que podem ser causadas pelo fato de ficarmos sentados a maior parte do dia no trabalho ou em casa. Os exercícios melhoram a saúde do coração, baixam o percentual de gordura corporal, reduzem o colesterol, ajudam a evitar o diabetes e a insuficiência renal. "Tudo está relacionado", diz Samman. "Para mim, levantamento de peso é o exercício mais benéfico, porque proporciona saúde óssea, saúde do coração, força [e] perda de peso."

O treino cardio favorito de Samman é o boxe, que torna mais fácil correr e levantar pesos. "Se você é um velocista, seu coração funciona de uma maneira. Se é um corredor de longa distância, o coração funciona de outra maneira. Com o boxe, você pode atingir ambos os modos de funcionamento do coração, obtendo assim os dois benefícios – é um trabalho de resistência e explosão."

O tipo de exercício que você escolhe – seja ele yoga, *kickboxing*, levantamento de peso, corrida ou jogar em uma liga de *softball* ou vôlei – depende de suas aptidões físicas. Encontrar um parceiro, um programa de treino ou um treinador para garantir os resultados não só aumenta a vontade de sair de casa e se exercitar, mas também ajuda a criar conexões com outras pessoas. Antes de ingressar em um programa ou contratar um *personal trainer*, faça pesquisas para se certificar de que o instrutor ou técnico tem as qualificações e a experiência necessárias. Samman sugere que, independentemente da experiência de treino, você aumente seus conhecimentos sobre anatomia e sobre como trabalham os músculos e as articulações. "Isso nos ajuda a nos sentirmos mais bem informados ao buscar um treinador ou começar um novo curso. Sabemos como nosso corpo está se movendo." Se entendermos nosso corpo, seremos capazes de identificar se sentimos um desconforto por estarmos doloridos pelo uso de novos músculos ou se sofremos alguma lesão.

Quando se trata de exercícios físicos, qualquer coisa é melhor do que nada. "Acho que todo mundo precisa estar ativo por pelo menos 30 minutos todos os dias. Em termos ideais, acho que precisamos estar nos movimentando por pelo menos uma hora todos os dias." Ela sugere dividir o tempo dedicado aos exercícios. Por exemplo, uma pessoa pode caminhar de 15 a 30 minutos na hora do almoço e adicionar 30 minutos de caminhada pela manhã ou à noite. Exercitar-se no início do dia é um benefício adicional, porque estimula o metabolismo ao longo do dia.

Para quem está começando a fazer exercícios, Samman sugere começar com algo simples. "É uma série de um minuto. É tudo o que você tem de fazer." Caminhar ou se levantar e tornar a sentar enquanto assiste televisão pode ser um primeiro passo. Fazer agachamentos na cozinha enquanto espera o chá ficar pronto também pode ser um primeiro passo para incorporar os exercícios à sua rotina diária. "Logo você vai estar caminhando na rua", diz Samman. Começar com um período curto de exercícios permite que nos sintamos mais à vontade com o passar do tempo, adicionando mais exercícios, por períodos mais longos, à medida que progredimos. "Acho que a coisa de que as pessoas menos gostam é de ficar sem fôlego. É desagradável quando parece que não conseguimos respirar. Por isso, basta a pessoa ficar suada ou meio ofegante para quase entrar em pânico e não querer mais se exercitar." Mas se começamos a nos exercitar com uma rotina simples e, com o passar do tempo, formos adicionando novos exercícios, resultados mais saudáveis começam a aparecer, potencializando os efeitos físicos, mentais e emocionais. "Tudo está conectado."

Lições

1. Encontre um exercício ou programa de treino que lhe proporcione entusiasmo.
2. Encontre um parceiro ou um treinador, entre numa equipe ou num curso para manter o compromisso.
3. Comece devagar, mas siga se exercitando e aumentando a carga do exercício com pequenos acréscimos.
4. Exercite-se ao menos 30 minutos por dia.
5. Não desista; tudo fica mais fácil à medida que você ganha resistência e cria o hábito.

Poder da Mente: *Vision Boards*

Um *vision board* [quadro de visualizações, quadro de metas, quadro de sonhos ou mural] funciona como um lembrete visual dos sonhos e objetivos futuros de alguém. Essas representações visuais de nossos sonhos e objetivos podem nos motivar e nos inspirar a fazer o que for preciso para realizá-los. Ver diariamente essas representações visuais pode nos ajudar a transformá-las em realidade. Um *vision board* pode incluir fotos, citações, lembretes etc. a respeito de relacionamentos, progresso mental e emocional, bem-estar físico, bens materiais e outras coisas desse tipo.

Como Criar um *Vision Board*

1. Identifique e crie uma lista de sonhos e metas para serem incluídos no *vision board*.
2. Compre um cartaz, um quadro de cortiça ou outro suporte para anexar lembretes visuais.
3. Recorte fotos de revistas que façam alusão aos seus sonhos e metas.
4. Coloque no *vision board* afirmações ou citações inspiradoras escritas à mão ou impressas.
5. Anexe fotos e palavras de modo criativo, fazendo uma colagem no *vision board*.
6. Exponha o *vision board* numa área da casa que seja acessada diariamente.

7. Tire todo dia um tempinho para contemplar o *vision board* e identifique quaisquer sonhos ou metas que tenham se realizado.

Por si só, um *vision board* não conquista esses sonhos ou metas. É apenas uma afirmação do que você quer da vida. Olhar diariamente para esses sonhos e metas será um lembrete constante de como a vida poderia ser. Cabe a você estar consciente do que espera da vida, fazer as mudanças necessárias e agir para alcançar esses sonhos e metas.

Símbolos, Cores, Superstições e Sonhos

Se uma pessoa acredita em algo ou em alguém, tais crenças são verdadeiras para ela. Ao longo da história, as culturas têm procurado encontrar um sentido ou sinais nos acontecimentos do dia a dia. Alguns acreditam que a visita do pássaro cardeal-do-norte ou de uma borboleta é a visita de um ente querido falecido. Quebrar um espelho ou abrir um guarda-chuva dentro de casa sinaliza má sorte futura. Será que esses incidentes realmente significam o que as pessoas acreditam que significam? Se essas pessoas sentem essas coisas como reais, isso se tornará a realidade delas.

Para saber mais sobre os sinais encontrados em experiências diárias ou em sonhos noturnos, procure as respostas em livros ou na Internet. Qualquer coisa – itens cotidianos, as intempéries, as estações do ano, os animais, as cores e assim por diante – pode ser um símbolo.

Simbolismo dos Itens do Dia a Dia

- Aliança de casamento: Amor eterno.
- Coroa: Poder ou realeza.
- Ferradura: Sorte.
- Ampulheta: Tempo.

No que diz respeito aos elementos antigos, o Fogo e o Ar são descritos como energias masculinas, enquanto a terra e a água são femininas. Essa noção se refere ao princípio hermético de gênero, discutido mais adiante neste livro.

Simbolismo de Antigos Elementos e Estações do Ano

- Fogo: destruição ou renascimento.
- Ar: inteligência ou sopro de vida.
- Água: limpeza ou rejuvenescimento.
- Terra: fertilidade ou estabilidade.
- Primavera: crescimento, nascimento.
- Verão: calor, juventude.
- Outono: mudança, maturidade.
- Inverno: frio, morte.

Outros símbolos encontrados na natureza incluem o trevo de quatro folhas, que simboliza a sorte. Um ovo ou uma árvore são símbolos de vida. O Sol e a Lua têm vários significados. Segundo os ensinamentos de Hermes Trismegisto, o Sol é o pai (energia masculina) e a Lua é a mãe (energia feminina). O Sol também pode simbolizar o conhecimento, lançando luz (dia) sobre as informações. A Lua pode simbolizar o misterioso, que está envolto em escuridão (noite).

Simbolismo de Animais

- Pomba branca: amor ou paz.
- Leão: coragem.
- Cão: companheirismo.
- Gato: independência.
- Águia: liberdade.
- Urso: força.
- Coruja: sabedoria.

A lista é longa. Se você interagir com um desses símbolos, pode encarar a experiência como coincidência. Contudo, o princípio hermético da causalidade diz que nada acontece por acaso. Então você pode também refletir sobre o simbolismo da experiência.

Há muito tempo se sustenta que as cores simbolizam certas qualidades e podem afetar o humor.

Simbolismo das Cores

- Vermelho: raiva, paixão.
- Verde: inveja, sorte, vida nova.

* Roxo: realeza.
* Azul: calma.
* Preto: poder, mal.
* Branco: pureza, bem.
* Amarelo: felicidade.

Se quiser encontrar simbolismo em seus sonhos, mantenha um diário de sonhos perto da cama e anote os sonhos logo ao acordar. Como os sonhos costumam ser fugazes, um diário de sonhos permite que você mantenha notas sobre acontecimentos específicos dentro do sonho. Podemos achar implausível essa abordagem do simbolismo, mas a psicologia do subconsciente já é há muito tempo uma área de estudo. Em 1899, Sigmund Freud, neurologista e fundador da psicanálise, publicou um livro sobre o simbolismo dos sonhos intitulado *A Interpretação dos Sonhos*. O método de Freud era pedir que o indivíduo interpretasse o possível simbolismo de seus sonhos com base nos pensamentos que lhe vinham à mente quando diferentes partes do sonho eram discutidas.

Atualmente, uma abordagem mais popular é consultar um dicionário de sonhos que lista os significados ocultos de eventos que ocorrem dentro dos sonhos. Como tais significados variam, leve em consideração suas preocupações atuais, suas emoções e assim por diante para determinar o que seu subconsciente pode estar tentando comunicar. Examine também o contexto do sonho. Revise outros acontecimentos e ações no sonho para determinar o significado de cada ocorrência dentro do sonho.

Simbolismo dos Sonhos

* Dentes: perder dentes pode estar relacionado às finanças; ter um dente frouxo pode ser um alerta sobre amigos não confiáveis; dentes bonitos podem significar felicidade.[60]
* Estar caindo: cair pode simbolizar medo e iminentes contratempos na vida, mas os resultados podem variar. Por exemplo, se aquele que sonha ficou um longo tempo caindo e se feriu, pode enfrentar dificuldades durante um período significativo; se sai ileso da queda, o revés da pessoa será breve.[61]
* Voando: voar representa ambição, mas outros aspectos do sonho desempenham um papel na interpretação. Por exemplo, se aquele que sonha voou a uma altura baixa ou média, o objetivo será alcançado sem muita dificuldade; um esforço para atingir altitude mais alta poderia vaticinar que a pessoa deve mudar de rumo para atingir sua meta.[62]

Se você sonha com um certo incidente e encontra um significado por trás disso, sua análise não está necessariamente correta. Muitas variáveis têm de ser analisadas antes que um sonho possa ser interpretado, incluindo o que você comeu antes de se deitar, o

---

[60] Tom Corbett e Lady Stearn Robinson. *The Dreamer's Dictionary: From A to Z...3,000 Magical Mirrors to Reveal the Meaning of Your Dreams*. Nova York: Warner Books, 1994, p. 355.
[61] Corbett e Robinson. *Ibid.*, p. 146.
[62] Corbett e Robinson. *Ibid.*, p. 159.

estado de sua saúde mental antes de dormir, além de ruídos ou incidentes externos que tenham ocorrido durante a noite.

Se você opta por acreditar em sinais e símbolos específicos que vê ao seu redor ou em seus sonhos, e se esses signos e símbolos lhe trazem alegria, paz, novas percepções ou uma sensação de calma, você pode aceitá-los. A crença está na mente do observador.

Capítulo 8

PRINCÍPIO 2: O PRINCÍPIO DA CORRESPONDÊNCIA

"Nenhum problema pode ser resolvido a partir do mesmo nível de consciência que o criou."
– Albert Einstein, físico

A noção de que a vida é composta de diferentes planos de existência pode parecer improvável. No entanto, muitos acreditam na existência de bem-estar físico, mental e espiritual, que são planos de existência dentro do eu. Segundo *O Caibalion*, o Universo está dividido nesses três planos. Uma divisão rígida entre eles pode não ser evidente, na medida em que cada plano é parte do todo. O princípio hermético da correspondência se refere a esses diferentes planos: o mundo material, assim como os planos mental e espiritual.

> *"Assim em cima como embaixo;*
> *assim embaixo como em cima."*
> — O Caibalion

Esse princípio, que fala de subplanos de existência dentro dos planos de existência, pode ser de compreensão um pouco mais difícil do que os outros seis princípios herméticos. Embora Hermes Trismegisto não se refira a uma religião específica nos escritos que lhe foram atribuídos, o princípio de correspondência pode ser encontrado no Pai-Nosso, a oração que Jesus ensinou a seus discípulos: "Venha a nós o Vosso reino e seja feita a Vossa vontade, assim na Terra como no Céu" (Mateus 6,10).

O princípio hermético do mentalismo diz que aquilo que você pensa se torna sua realidade. Então, se pensamentos negativos, ansiosos ou impulsivos fazem parte de sua vida diária, esses pensamentos se tornam o que você sente e descobre, a cada dia, em suas experiências no plano físico. Mas se você pensa positivamente ou tenta descobrir o bem no mal, é mais que provável que tenha uma visão melhor, mais positiva da vida e projete uma energia mais benéfica. O princípio hermético da correspondência explica que qualquer energia que uma pessoa projete voltará para ela, retornará para essa pessoa no reino físico.

Por exemplo, se o seu dia começa com uma topada no dedo do pé e você se recusa a admitir, a aceitar o fato e virar a página, talvez fique impaciente se tiver de enfrentar um engarrafamento a caminho do trabalho. Essa impaciência será o fermento da raiva. Uma vez no trabalho, a raiva permanece depois que você descobre ter cometido um erro no dia anterior, o que causa mais agitação. Se nos recusarmos a ver que essas ocorrências são apenas as emoções do momento e não conseguirmos sair da negatividade para lidar com a situação de uma maneira não emocional, a negatividade pode continuar. Esses acontecimentos infelizes começaram com uma topada no plano físico porque o plano mental não pôde aceitar, integrar e seguir em frente a partir do teor não benéfico do pensamento e da emoção iniciais. Nesse caso, o princípio também está trabalhando de acordo com o princípio hermético da causalidade, ou da causa e efeito, que é discutido mais adiante neste livro.

Mas se você acorda, começa o dia com uma atitude afirmativa ou grata conseguida pela meditação, pela oração ou por pensamentos positivos; se lida bem com os incidentes desagradáveis que ocorrem ao longo do dia, procurando sempre se manter consciente de suas emoções para corrigir quaisquer pensamentos nocivos, é muito provável que o dia se mostre benéfico e gratificante. Nosso estado mental afeta nosso estado psicológico e vice-versa.

Isso também é conhecido como a lei da atração, que pode ser vista em muitos princípios herméticos, incluindo o do mentalismo, o da correspondência (o princípio que estamos discutindo) e o da vibração. Se mudarmos nossa percepção prestando atenção em nossos pensamentos, é possível que as emoções negativas e seus efeitos físicos sejam suprimidos. Uma vez alteradas, essas sensações podem levar a experiências mais positivas.

Nem tudo ocorrerá sempre da melhor maneira ou sairá como achamos que deveria sair. O princípio hermético do ritmo, a ser discutido mais à frente neste livro, afirma que a vida é cheia de altos e baixos. Mas se conseguirmos mudar nossa percepção, podemos nos colocar acima da situação, num plano mais elevado, tendo assim uma experiência mais positiva ao longo da nossa jornada.

Planos da Existência e Além

Para entender o princípio hermético da correspondência, podemos observar os padrões que se repetem no mundo natural. Por exemplo, uma galáxia em espiral lembra a forma de um furacão. A nebulosa no espaço é semelhante ao formato do olho. A estrutura do Universo espelha as sinapses dos neurônios no cérebro. Os galhos de uma árvore se assemelham a seu sistema radicular. Os galhos de uma árvore também se parecem com a árvore brônquica dos pulmões. Os sistemas fluviais em todo o globo são comparáveis aos sistemas circulatórios do corpo humano. "Assim em cima como embaixo; assim embaixo como em cima."[63]

O *Caibalion* aponta que dentro de cada plano há subplanos, e depois que há subplanos dentro dos subplanos. Embora existam vários planos de existência, todos os planos vêm da mesma fonte. O *Caibalion* declara que tudo é parte de O TODO e O TODO existe dentro de tudo porque tudo é uma criação de O TODO. Cada

---

[63] Os Três Iniciados. *O Caibalion: Estudo da Filosofia Hermética do Antigo Egito e da Grécia*. São Paulo: Pensamento, 2ª edição, 2021, p. 26.

plano se corresponde com os outros planos graças a este princípio e cada plano é o mesmo, variando apenas em grau de si mesmo, como declarado no princípio hermético da polaridade, discutido posteriormente nesse livro. O plano físico é o plano mais baixo; o plano espiritual é o mais elevado. Se você está vibrando em uma frequência mais alta ou se encontra em um estado mais positivo do ser graças à meditação, ao trabalho com a respiração, à prática da gratidão e assim por diante, poderá alcançar um plano superior, uma conscientização superior ou uma consciência de si mais elevada.

O *Caibalion* continua, explicando que, dentro do plano espiritual, existem divindades invisíveis e auxiliares angélicos, que muitas vezes intervêm nas experiências físicas e mentais. "Sua eventual ajuda e intervenção nas questões humanas levaram ao surgimento de muitas lendas, crenças, religiões e tradições da raça, passadas e presentes. Sem um instante de descanso, elas sobrepuseram seu conhecimento e poder ao mundo – tudo, sem dúvida, sob o domínio da Lei de O TODO."[64] Como parte de O TODO, essas divindades invisíveis e auxiliares angélicos eram mortais e são descritos como "as almas avançadas que sobrepujaram seus irmãos [...] com o fim de ajudar a raça na sua jornada ascendente ao longo do Caminho".[65] Diz-se que apenas os hermetistas mais avançados podem entender os poderes do plano espiritual. Mas todos que anseiam por conhecimento podem praticar seu caminho para a iluminação, ou consciência, de si mesmos e do mundo à sua volta.

---

[64] *Ibid.*, pp. 98-9.
[65] *Ibid.*, p. 99.

Meios de Buscar Iluminação e Autoconsciência

A meditação e a oração podem ajudar a guiar aqueles que desejam alcançar uma consciência superior a se tornarem mais autoconscientes e controlar seus pensamentos, emoções e resposta física. Se formos capazes de alcançar um plano mais elevado e desenvolver o controle sobre nossas emoções de modo "a nos colocarmos acima" de uma situação, começaremos a deixar o negativo passar por nós sem nos afetar. Atingir um nível superior de consciência nos permite, segundo *O Caibalion*, "escapar da vibração do pêndulo Rítmico que se manifesta no plano inferior".[66] Essa lei de neutralização consiste na "elevação do Ego acima das vibrações do Plano Inconsciente da atividade mental, de modo que a oscilação negativa do pêndulo não se manifesta na consciência, razão pela qual não somos afetados".[67] Você pode se recusar a participar de algo ou negar a existência de algo que poderia ter uma influência negativa em sua vida. Você pode "se colocar acima" ou "pegar a estrada de cima" em circunstâncias que podem não ser benéficas.

Leva tempo para dominar esta habilidade, mas a prática traz uma grande recompensa. Aprender a acalmar a mente e a se concentrar em elevar a consciência acima do plano físico acabará por levar a pessoa à consciência e ao verdadeiro poder interior. Os textos antigos de Hermes Trismegisto dizem que Deus – também conhecido como o Bem e o Pai – criou tudo, e dentro de tudo está

---

[66] *Ibid.*, p. 122.
[67] *Ibid.*, p. 122.

a energia de Deus. Neste tempo e espaço, não há limite para as realizações de uma pessoa que é capaz de acessar a energia de Deus (a Fonte, o Criador), que já está dentro dela, e chegar à percepção de que tudo e todos estão conectados por meio dessa energia.

Meditação

Existem muitos estilos e variedades de meditação, e cada um deles oferece benefícios específicos. Nas últimas décadas, a prática da meditação tornou-se mais corrente e há mais informação disponível para quem deseja aprender as técnicas. Pense em como deseja se beneficiar da meditação escolhendo seu caminho de autodescoberta. Aulas presenciais, realizadas em um espaço seguro, e vídeos *on-line*, assistidos na privacidade da sua casa, podem ensinar técnicas que vão do básico à meditação avançada para os que estão na jornada para a iluminação, ou consciência, e paz.

O princípio hermético da correspondência declara que as pessoas podem superar energias, pensamentos e experiências negativas, fazendo com que essa negatividade passe por baixo de si enquanto adquirem um nível mais elevado de compreensão e de consciência. Charles A. Francis, autor de *Mindfulness Meditation Made Simple: Your Guide to Finding True Inner Peace* e diretor do Mindfulness Meditation Institute, começou sua jornada de meditação com um grupo de amigos nos anos 1990. "Eu fiquei fascinado", compartilha Francis. Mais tarde, participou de um retiro liderado pelo mestre zen Thich Nhat Hanh. "Foi mais uma experiência de reservar um tempo para acalmar minha mente, para que eu conseguisse, por mim mesmo, ver as coisas de forma mais clara." Sua prática de meditação consistia em aplicar um método de meditação de cada vez, incluindo a meditação zen-budista, na qual o meditador se senta calmamente e se concentra na respiração. Ao praticar esse tipo de meditação, Francis não sentiu que estava aprendendo o que fazer quando sua mente vagava. A meditação budista também se concentra em estar a serviço dos outros como um caminho para a autoconsciência. "Acho que isso é útil, mas para mim o principal veículo para obter atenção plena (*mindfulness*) ou iluminação é a própria meditação", diz Francis.

Francis seguiu aprendendo diferentes estilos de meditação, como a meditação transcendental, que consiste na repetição de mantras, e descobriu a meditação da atenção plena [meditação *mindfulness*], que é mais secular. Francis descreve a si próprio como um indivíduo prático, intelectual e curioso, não religioso; portanto a meditação *mindfulness* foi a melhor opção. Agora, Francis compartilha com outras pessoas seu conhecimento sobre as técnicas da meditação *mindfulness*.

A meditação *mindfulness* deriva do budismo, que ensina que nos libertamos do sofrimento permitindo que nossa mente se acalme, o que nos capacita a observar o mundo com mais clareza. "A meditação *mindfulness* é o treinamento de nossa mente projetado para nos ajudar a observar as coisas como realmente são, sem que nossa visão seja obscurecida por nossas emoções ou ideias preconcebidas", afirma Francis. Há muitos benefícios trazidos por essa meditação, mas o principal é ajudar os praticantes a lidar com o estresse. "Ela diminui o estresse, acalmando a mente e acalmando as emoções", explica Francis. Pensamentos desencadeiam emoções, que podem impedir que a pessoa veja as coisas com clareza. Essas emoções incluem medo do desconhecido, impaciência e ansiedade, entre outras. A meditação *mindfulness* ajuda a acalmar a mente para que a pessoa consiga ver todos os lados da realidade da situação.

Alguns profissionais da área de saúde mental usam a meditação *mindfulness* no tratamento de pacientes com problemas como depressão, abuso de drogas, transtorno de estresse pós-traumático, baixa autoestima e insegurança. Aprender a acalmar pensamentos e emoções também pode ajudar a melhorar os relacionamentos. Pessoas que praticam meditação com regularidade tendem a ser menos reativas quando ocorre uma discussão com alguém sobre temas pessoais ou profissionais. Muitas vezes os desacordos surgem da falta de comunicação ou de mal-entendidos. "Muitas vezes, não terminamos de ouvir a fala da outra pessoa antes de reagir, indo diretamente para uma conclusão. Presumimos o que estão querendo dizer e, com muita frequência, aquilo que pressupomos é totalmente diferente do que a pessoa quer de fato comunicar", explica Francis. As pessoas muitas vezes têm dificuldade de se expressar – colocar seus pensamentos e emoções em palavras –, o que pode levar aos mal-entendidos. Se praticarmos e criarmos o hábito de acalmar nossas emoções, teremos uma visão melhor do que a outra pessoa está tentando expressar e nossa resposta pode ser mais adequada à situação.

A comunicação é a chave, e uma simples afirmação pode levar a um melhor entendimento entre as partes. Muitas vezes, durante uma conversa, em vez de procurar ouvir com atenção e compreender o que está sendo dito, a pessoa está pensando em uma resposta enquanto a outra está falando. Uma técnica para minimizar os mal-entendidos é que uma parte faça um esforço consciente para prestar atenção enquanto a outra se expressa. A conversa segue, com aquele que estava ouvindo afirmando: "Você disse que...", resumindo assim a afirmação da outra parte. Se a afirmação tiver sido incorretamente compreendida, ela pode ser explicada mais detalhadamente. Se a afirmação tiver sido compreendida, a conversa pode prosseguir, e assim por diante, até que a conversa leve a um acordo ou a um acordo sobre a existência de uma divergência. Ambas as partes devem permanecer fiéis a suas próprias verdades, mas conservando a mente aberta.

Esse exercício de comunicação pode ser usado pelos pais e cuidadores ao lidar com adolescentes. Pais e cuidadores muitas vezes dizem aos filhos, para ensiná-los e mantê-los seguros, o que fazer ou o que não fazer. Mas muitas vezes um pai ou cuidador pode estar ocupado e não dar toda a sua atenção ao adolescente que está tentando se comunicar. "As crianças e adolescentes precisam ser capazes de se expressar para alguém. Ouvi-las com atenção é parte muito importante de seu desenvolvimento", diz Francis. Por meio da meditação *mindfulness*, é possível aprender a acalmar a mente, o que pode fazer a pessoa criar o hábito de se concentrar e realmente prestar atenção no que as outras pessoas dizem.

Aprender a acalmar de fato os pensamentos e emoções pode exigir anos de prática. Mas os benefícios, como se sentir mais relaxado, logo poderão ser percebidos por quem está praticando a meditação *mindfulness*, mesmo que após pouco tempo de treino. A prática acabará levando a desenvolver um hábito. Ao iniciar uma jornada de meditação, lembre-se de que outros fatores podem afetar o processo, como estar com a mente superestimulada ou ruídos no ambiente. Meditar por alguns minutos durante o dia o tornará mais calmo e menos reativo. Se você meditar todo dia, durante duas semanas, por 10 a 20 minutos, já poderá começar a observar melhorias em seus níveis de estresse.

Se você já pratica meditação há alguns anos, é possível que já tenha uma mente estável. Com o tempo, a mente é reprogramada. "Você também se torna mais perceptivo", diz Francis. "Com a meditação *mindfulness*, podemos perceber mais claramente causas e efeitos, como as coisas funcionam conectadas. Começamos a compreender melhor a nós mesmos, a compreender como nossa mente funciona, como nosso corpo funciona, como nossas emoções funcionam." Quem pratica meditação fica mais consciente de seus gatilhos e aprende a ser menos reativo.

Concentrar-se durante a meditação desenvolve a capacidade de observação. "Coletamos os fatos, os observamos e tentamos entendê-los de forma objetiva", diz Francis. "Procuramos não deixar que nossas opiniões anteriores influenciem nosso julgamento. Fazendo isso, vemos o mundo como ele realmente é e nos tornamos capazes de tomar melhores decisões em nossa vida."

Concentre-se na Respiração para Acalmar a Mente

1. Relaxe o corpo para entrar no clima. Isso incentiva a mente a se acalmar.
2. Faça a transição para a meditação de concentração. Acompanhe sua respiração, contando cada inspiração e expiração, por exemplo, de 1 a 5. Continue concentrado na respiração para manter os pensamentos distantes. É natural que a mente divague. Quando isso acontecer, leve novamente o foco para a respiração. Repita durante alguns minutos a contagem das respirações.
3. Assim que a mente estabilizar, faça a transição para a meditação *mindfulness*. "Continuamos acompanhando a respiração, mas de uma maneira mais relaxada. Observamos o processo geral da respiração em vez de somente um aspecto dele", Francis explica.
4. Quando um pensamento disperso surgir, volte suavemente a se concentrar na respiração. Isso acalma a mente, proporciona novas percepções e treina a mente para observar, criando, assim, uma disciplina mental.

"Se não conseguimos nos manter focados em alguma coisa, como poderemos observar qualquer coisa com o mínimo de profundidade?", Francis ressalta. As observações permanecerão superficiais e, se a mente estiver distraída, nada veremos além dessa distração.

A prática da meditação *mindfulness* é simples. O que pode ser difícil é permanecer fiel a ela. "Distraímo-nos com muita facilidade. Quando aparece uma prioridade maior que precisamos atender na nossa rotina, uma das primeiras coisas que deixamos de lado é a meditação." Francis sugere que os iniciantes mergulhem na prática: estudem meditação, ingressem em um grupo de meditação, ou façam ambas as coisas. Isso dará mais motivação para dar continuidade à prática. A ideia da meditação *mindfulness* é descansar a mente.

A prática da meditação pode levar à iluminação, ou à *mindfulness*, que é a consciência do que está acontecendo dentro de nós e no mundo. "Começamos a ver como tudo está interligado. Nada existe isoladamente", Francis comenta. "Como indivíduos, todos dependemos do ar que respiramos. Dependemos da vegetação para produzir o oxigênio que respiramos", continua. A maioria da população do mundo depende de outros para prover suas necessidades, como abrigo, transporte, roupas, alimentos, água potável e assim por diante. "Começamos a dar valor a isso. Simplesmente nos traz, ou pelo menos trouxe para mim, uma compreensão muito maior de como o mundo inteiro opera, como o mundo inteiro funciona, como o Universo inteiro funciona, o que me dá um grande bem-estar."

A meditação pode dar estabilidade emocional, menos medo e uma memória melhor. A saúde física é mais um benefício trazido por essa prática. A meditação ajuda a reduzir o risco de hipertensão, doenças cardíacas e outras doenças crônicas. A meditação *mindfulness* pode também impulsionar o sistema imunológico. Um estudo descobriu que a meditação *mindfulness* preserva as células.

"Estão fazendo, com células, cópias de cópias", Francis afirma. Se é uma célula saudável, a célula reproduzida manterá melhor sua integridade que uma célula originada de célula não saudável. "As pessoas se tornam mais conscientes de sua mente e de seu corpo e de como suas ações e aquilo que consomem afetam seu corpo. Aumenta a probabilidade de que adotem um estilo de vida mais saudável e, portanto, reduzam a chance de adquirirem doenças crônicas", Francis explica. "Até mesmo o processo de envelhecimento é retardado."

Para Francis, a meditação é tão importante quanto uma alimentação saudável e exercícios físicos, e foi ela que tornou sua vida mais gratificante. "É bom para você", afirma. "Sem dúvida você pode optar por não fazer. Depende de cada um. Mas a meditação simplesmente fará sua vida ficar muito melhor, em quase todas as áreas."

O Poder da Oração

A oração pode acalmar uma mente acelerada, dar esperança a uma alma perdida e abrandar a preocupação em tempos de incerteza. A oração pode fazê-lo ascender para mais perto do espírito. O princípio da correspondência afirma que o Universo inclui muitos planos e subplanos de existência, sendo o mais baixo a matéria mais grosseira e o mais alto o ESPÍRITO de O TODO. Esses planos estão separados por uma fronteira tênue. Toda pessoa deve buscar um caminho para seu bem maior e mais elevado, e a meditação, a contemplação e a atenção ao espírito podem nos ajudar ao longo do caminho. "E, na medida em que o Homem se dê conta da existência do Espírito Inerente [imanente] dentro de seu ser, ele subirá na escala espiritual da vida. Esse é o significado de "desenvolvimento espiritual" – o reconhecimento, a realização e a manifestação do Espírito dentro de nós."[68]

A oração é um meio de alcançar uma conexão espiritual mais elevada. Os planos físico, mental e espiritual criam o indivíduo. Muitas vezes, a existência física comanda o indivíduo porque os seres humanos querem estar satisfeitos, querem ser felizes. Muitos tentam atingir essa satisfação com a satisfação física, que nem sempre satisfaz suas verdadeiras necessidades. Buscam um meio de satisfazer essas necessidades mediante saídas materiais, como alimentos, drogas, álcool e assim por diante. "Isso altera nossa mente e a coloca em repouso, ou pelo menos a entorpece, para que ela não fique gritando conosco", diz Ryan Shearer, um crente em Jesus, o Messias. "O único lugar verdadeiro para encontrar a paz absoluta é o Espírito."

No que se refere à oração, uma pessoa pode orar em busca de um resultado específico ou para realizar um determinado desejo. "Às vezes, oramos por aspirações promissoras. Às vezes, oramos pela simples presença de Deus", compartilha Shearer. Uma das orações de Shearer era com o objetivo de testemunhar, em primeira mão, a obra de Deus. Sua prece foi atendida. Durante o outono de 2021, Shearer ofereceu seus serviços para ajudar o pastor de sua

---

[68] Os Três Iniciados. *O Caibalion: Estudo da Filosofia Hermética do Antigo Egito e da Grécia*. São Paulo: Pensamento, 2ª edição, 2021, p. 78.

igreja, a Real Family Fellowship, em uma ação religiosa que disseminava a palavra de Deus nos 254 condados do estado do Texas. Shearer planejava comprar um veículo recreativo* para acompanhar seu pastor durante a caravana que ele faria pelo Estado da Estrela Solitária.** Embora já tivesse mapeado seu plano com relação a quando e como pagaria pela compra e restauração do veículo, Shearer estava prestes a receber uma bênção e uma resposta à sua prece para testemunhar a obra de Deus.

"O reino está entre nós e dentro de nós, mas nenhum homem pode entrar no reino a menos que seja nascido da carne e do Espírito, porque o Espírito é o que nos permite entrar nele", diz Shearer. Shearer estivera caminhando com o espírito por algum tempo e orava por um vislumbre em primeira mão da obra de Deus. "E então você pode começar a ver os frutos. Bem, aqui vem esse dia dos frutos."

Shearer estava trabalhando na construção de uma casa de uma moradora local e os dois iniciaram uma conversa. "Nós [começamos] a falar sobre o Espírito, a presença de Deus", ele compartilha. Os dois concordaram que muitas pessoas não têm a capacidade de reconhecer, perceber ou viver na alegria e na paz que o espírito proporciona. A conversa passou para o recente derrame que a mulher sofrera e que tinha levado à descoberta de um coágulo de sangue no cérebro. Os médicos disseram que era um milagre ela não ter apresentado sintomas prévios. O derrame praticamente não

---

* Isto é, um *trailer* que, por ter sua própria tração, não precisa ser rebocado. (N. do T.)
** Como é conhecido o Texas, por causa da estrela solitária em sua bandeira. (N. do T.)

deixara sequelas, exceto por uma pequena perda de movimento na mão esquerda. A conversa passou então para o ministério de Shearer, que ocorreria em breve, e ele compartilhou seu plano de comprar o veículo recreativo para ajudar a transportar o pastor. Ela lhe perguntou quanto custaria iniciar o ministério, dizendo que havia ganho recentemente algum dinheiro e que ela e sua família estavam orando para encontrar um centro religioso para doar os valores. E então lhe ofereceu o dinheiro para comprar o veículo recreativo para o ministério. "Chorei durante todo esse episódio", admite Shearer. "Não peço nada e, ainda assim, Deus me diz: 'Aqui está'."

A princípio, Shearer hesitou em aceitar a doação. Perguntou se poderia falar com a família dela. Chamou seu genro. "A resposta dele foi: 'Bem, louvado seja Deus. É incrível', disse o genro, 'estávamos orando para que aparecesse alguém para doarmos'", Shearer explica.

A mulher fez um cheque de US$ 10 mil para Shearer e disse: "Não impomos condições. Faça o que quiser com o dinheiro. Lembre-se apenas de que é dinheiro de Deus". Shearer admite que aquilo sem dúvida lhe causou um grande impacto. Para ele, o cheque não foi sequer a bênção maior. "O mais incrível foi eu ter conseguido ver Deus trabalhando de um modo que nunca vira antes. E era uma resposta à minha prece: Deus, quero ser testemunha de sua obra."

Muitos que são crentes podem, ainda assim, viver em desesperança. Mas é ao trabalho do indivíduo para cumprir a vontade do espírito, "assim na Terra como no Céu", que se refere o princípio da correspondência. Deus, a Fonte, o Criador, O TODO, está disposto a compartilhar a carga, basta uma pessoa pedir. "Assim que recebemos o Espírito que habita e vive dentro de nós, ele nos dá a vida eterna", diz Shearer.

Quando em oração, talvez nem sempre você saiba o que dizer, mas tem a oportunidade de retornar à presença do Espírito, Deus, O TODO, o Criador, a Fonte. "E a presença é uma dádiva", declara Shearer. Muita gente está contente com seu modo de viver, mas alguns podem estar curiosos sobre o poder da prece. A prece nem sempre se manifesta como esperado, porque isso acontece de acordo com a vontade de Deus, o Criador.

"Às vezes estamos orando pelo progresso do Reino de Deus, o progresso da vontade de Deus, o aprimoramento das outras pessoas", diz Shearer. Preces podem ser atendidas ou não, mas as bênçãos são visíveis para muitos. Um veículo recém-adquirido pode ser atribuído à bênção de Deus porque Ele deu à pessoa a capacidade de fazer o trabalho para adquirir o dinheiro para comprá-lo. Para se beneficiar dessas bênçãos, é necessário que você viva à altura de seu potencial, cumprindo sua parte para fazer as coisas acontecerem.

Como Orar

1. Encontre um lugar tranquilo – ou um lugar caótico – a qualquer hora do dia ou da noite.
2. Pense na sua intenção ou comece a falar com Deus, um poder superior, a Fonte, o Criador, O TODO, em voz alta ou em seus pensamentos.

3. Faça um pedido ou expresse gratidão e apreço.
4. Não tenha medo, vergonha nem se sinta estúpido.
5. Repita, conforme necessário.

"Ainda estou desenvolvendo a minha fé", compartilha Shearer. "Estaremos sempre desenvolvendo a nossa fé e aprendendo coisas novas, pois é assim que funciona."

Capítulo 9

PRINCÍPIO 3:
O PRINCÍPIO DA VIBRAÇÃO

"Se você quer descobrir os segredos do Universo, pense em termos de energia, frequência e vibração."
– Nikola Tesla, inventor e engenheiro

Tudo, das rochas e do ar até as árvores e a raça humana, é composto de energia e está em constante estado de vibração. É ciência! A vibração varia, dependendo do estado da matéria. Os átomos constituem toda a matéria, que é dividida em quatro estados – sólido, líquido, gasoso e plasma. Os átomos nos sólidos, como madeira, metal e minerais, estão reunidos de forma coesa, tendo, assim, menor vibração. Se for adicionado calor, a vibração aumenta. Por exemplo, o calor adicionado a um cubo de gelo aumenta a vibração das partículas e o gelo derrete se transformando em um líquido. Se mais calor for adicionado, a vibração aumenta de novo e o líquido começa a evaporar, tornando-se um gás. Se ainda mais calor for adicionado, os elétrons podem se separar dos átomos e formar o plasma, que se torna eletricamente condutor. Exemplos de plasma incluem estrelas e relâmpagos.

A energia está em toda parte. As pessoas se alimentam dela. Se alguém estiver num estado ansioso ou impaciente (baixa vibração), pode afetar os níveis de energia de quem está no mesmo ambiente. Uma discussão plena de raiva pode causar uma profusão de emoções negativas em uma ou em ambas as partes envolvidas. Mas o abraço de um ente querido pode ter um efeito calmante e um cumprimento dando felicitações pode melhorar o humor. Todos podem aprender a controlar suas vibrações, ou energia, para serem mais autoconscientes e, por fim, para transformar emoções negativas em sentimentos mais positivos ou autoafirmativos, atingindo assim uma vibração mais elevada.

"Nada está parado; tudo se move; tudo vibra."
– O Caibalion

Formas de energia, que incluem energia química, energia elétrica e energia mecânica, entre outras, são usadas e convertidas em formas diferentes de energia. Por exemplo, a Administração de Informações sobre Energia (EIA – Energy Information Administration), órgão norte-americano, explica que os seres humanos comem alimentos (energia química) para criar energia, que é então usada em aptidões mentais e físicas (energia mecânica) ou é convertida em calor.

A EIA relata que a energia não pode ser criada ou destruída. A lei de conservação declara que a energia simplesmente se transforma em outra forma de energia, "mas a soma total de energia no Universo permanece a mesma".[69] O *Caibalion* declara que o princípio da vibração "incorpora a verdade que o Movimento [vibração ou energia] é manifestado em tudo no Universo"[70] e que "O UNIVERSO, E TUDO QUE ELE CONTÉM, É UMA CRIAÇÃO MENTAL de O TODO".[71] O *Caibalion* salienta várias vezes que nada pode existir fora de O TODO, porque O TODO é infinito e "deve existir continuamente para sempre, pois não há nada capaz de destruí-lo, nem mesmo por um instante, uma vez que alguma coisa não pode nunca tornar-se nada".[72] Toda energia que existe dentro do Universo, qualquer que seja sua forma, está conectada e é parte do todo. Ela pode mudar de forma, como no caso de um líquido evaporando num gás, mas a energia jamais desaparece.

Se uma roda está girando lentamente, ouve-se um som de baixa frequência e, à medida que a roda passa a se mover mais rapidamente, o som vai se tornando mais agudo. O som, ou

---

[69] Administração de Informações sobre Energia dos EUA. "O que é energia? Leis da Energia", acessado em 29 de junho de 2021, https://www.eia.gov/energyexplained/what-is-energy/laws-of-energy.php.

[70] Os Três Iniciados. *O Caibalion: Estudo da Filosofia Hermética do Antigo Egito e da Grécia*. São Paulo: Pensamento, 2ª edição, 2021, p. 105.

[71] *Ibid.*, p. 55.

[72] *Ibid.*, p. 48.

vibração, emitido pelas ondas aéreas por causa do movimento, torna-se cada vez mais alto até não ser mais percebido, parecendo desaparecer no ar. A energia sonora não desapareceu. A vibração continuou a aumentar para níveis mais altos até parecer não mais existir. O oposto também é verdadeiro para a baixa vibração. Rochas e outras matérias sólidas parecem estar em repouso devido à sua vibração mais estática.

Vibração é Energia

O princípio hermético da vibração trata da energia. A energia está em tudo, do ar que circunda a Terra e da molécula minúscula aos sons do oceano e o calor do Sol. "Tudo é uma frequência vibratória. Devido ao fato de tudo ser energia, tudo é sempre uma questão de frequência", afirma Jenny Parten, mestra de Reiki e curandeira. Quando compreendemos que tudo e todos somos realmente feitos de energia, torna-se mais fácil optar pela frequência vibratória que emitimos e nos concentrar nela. A frequência vibratória é uma opção.

O princípio da vibração trabalha em conjunto com o primeiro princípio hermético, o princípio do mentalismo. "Tudo é uma escolha, mas muitas vezes não percebemos isso. Achamos que a vida apenas se desenrola diante de nós e que temos apenas de lidar com as cartas que nos são entregues. Não é nada disso", Parten explica. Você pode controlar a vibração desenvolvendo ações conscientes e fazendo opções conscientes sobre o tipo de frequência vibratória com que você se envolve e à qual frequência dá suporte. "Se estou me prendendo a velhos padrões de comportamento porque estou sempre jogando com esses velhos padrões na minha mente, estou sempre pensando no passado, estou sempre concentrada nos meus traumas, sempre pensando no assim chamado negativo [e então] fico o tempo todo trazendo maior quantidade dessa energia para minha experiência." Em vez de se concentrar no negativo, trabalhe para mudar de *mindset* e se concentrar mais no cenário positivo ou no "copo metade cheio". Isso aumentará sua vibração para que você expresse uma vibração mais positiva.

Lidar com um trauma e superá-lo pode ser um processo difícil, mas com o apoio de outras pessoas, terapia e uma infinidade de caminhos disponíveis de autoajuda, podemos aprender a superar experiências traumáticas. Ao escolher e aceitar um crescimento pessoal, você essencialmente mostra ao Universo que quer experimentar mais. Concentrar-se no positivo em vez do negativo trará mais ocorrências positivas para sua vida. "A energia flui para onde sua atenção vai", afirma Parten. "Se estou concentrada em algo de que não gosto, isso não vai fazer com que eu me sinta bem, não é o que eu quero continuar experimentando. Tenho de compreender que estou fazendo escolhas que não estão me atraindo para o meu bem maior e mais elevado, que não estão me levando para essa frequência vibratória mais elevada." Dá trabalho aprender e entender que você pode precisar voltar novamente o foco para o positivo e mudar a energia que está emitindo. Estar consciente de seus pensamentos, de suas ações e de suas reações pode ajudá-lo a pôr novamente o foco no positivo e a vibrar numa frequência mais elevada.

Criar hábitos saudáveis e ser autoconsciente pode ajudar a direcionar sua jornada de vida em direção ao crescimento. Tomar consciência sobre quais pensamentos colocar em foco e quais pensamentos reconhecer e dispensar também o ajuda a se tornar mais autoconsciente. Alguns pensamentos podem não ser adequados a seu tempo e a seu espaço atuais. "Não me agarro a cada pensamento que surge na minha cabeça. Muitos pensamentos são transitórios", diz Parten. Pode ser difícil discernir quais pensamentos devem ser aproveitados e quais devem ser dispensados. Se você se sente ansioso numa situação que não pode controlar, talvez seja interessante reconhecer isso e tomar a decisão consciente de respirar ou usar outro método para liberar a ansiedade, que mudará então a frequência de sua vibração, permitindo que você assuma o controle de suas emoções. Desse modo, você aumentará seu bem-estar mental e físico.

A energia de uma pessoa vibra em uma frequência mais alta quando o espírito desse indivíduo está mais saudável. É preciso esforço consciente, mas você pode aumentar sua frequência encontrando seu verdadeiro propósito. Todos neste planeta têm um propósito. Pode ser compartilhar informação, cuidar de pessoas doentes, fazer arte ou alguma outra coisa. "Se não conheço a mim mesmo, não sei do que gosto. Se não sei do que gosto, não serei capaz de me expandir para as coisas para as quais pretendo me expandir neste tempo e espaço", assinala Parten.

Como já discutido, *O Caibalion* declara que O TODO, ou o INCOGNOSCÍVEL, Deus, o Criador, a Fonte, criou tudo e está em tudo. Portanto seu espírito é pura vibração e uma autêntica expressão de si mesmo. Quanto mais você tenta se tornar autoconsciente e aprender sobre si mesmo, mais aprenderá sobre a verdade de seu ser. Uma vez que esteja mais consciente de sua verdade, será capaz de se conectar mais a O TODO ou Espírito Puro. Você se conectará à energia interior que liga os seres humanos com o Divino, ou a energia de Deus. "Quanto mais percebo que também não sou apenas criada por essa energia, mas uma expressão dela, que sou energia de Deus manifestada em forma humana, mais incorporo as qualidades do Criador. Percebo a conexão de tudo, o valor de tudo, a unidade, a singularidade, o todo coletivo", afirma Parten. Se a humanidade pode chegar a um entendimento de que tudo e todos estão conectados, os seres humanos podem crescer juntos e trabalhar em conjunto como um todo coletivo.

É fácil dizer que a mudança é necessária, mas para alguns não é tão fácil entrar em ação para criar essa mudança. Até começar a fazer escolhas conscientes e a agir para desencadear uma mudança desejada, você estará preso a um ciclo recorrente que pode não atender a seus melhores interesses. "Quando você recebe um empurrãozinho com a seguinte mensagem: *Ei, você precisa se levantar e se mexer*, você se levanta e se mexe. Esse é o espaço de sua alma falando com você", Parten explica. O espaço da alma de uma pessoa, a intuição, a energia de Deus está sempre falando e compartilhando informações, mas muitas vezes as pessoas afastam esses pensamentos, concentram-se em outras coisas ou dão uma desculpa como *não tenho tempo, tenho medo do desconhecido* ou *isso pode esperar*. Em vez de adiar a realização do desejo do seu coração e não se mover para cumprir o propósito de sua vida, você pode começar a se educar e tomar mais iniciativas para descobrir o que realmente quer da vida.

Maneiras de Curar a Energia

Seja por meio do simples ato de concentrar-se na respiração, de aprender sobre o trabalho com a energia, como no Reiki, ou de passar algum tempo em meio à natureza, podemos assumir o controle de nossa energia e direcioná-la para uma frequência mais alta. Ela acabará por nos colocar no rumo de nosso verdadeiro objetivo – uma consciência mais elevada e o Divino.

Embora tudo e todos estejam conectados por meio da energia, cada um tem uma qualidade diferente de energia, uma frequência vibratória diferente. A energia de Deus é um aspecto do ser de todos, mas está sendo filtrada através da humanidade, o que inclui experiências de vida e emoções, entre outros fatores. "É quase como se tivéssemos esta grande luz, que é a energia da Fonte, e ela estivesse sendo filtrada através de diferentes e maravilhosos cristais. A luz que vai se manifestar de cada cristal vai ser completamente diferente porque cada cristal tem uma cor diferente, um formato diferente, eles diferem por completo um do outro. Não há dois cristais iguais", Parten explica. Cada cristal manifesta sua própria luz miraculosa, que é necessária para inspirar esperança e elevar as pessoas. Ao decidir tornar-se mais consciente de suas emoções e de sua energia, você pode implementar técnicas e ferramentas para vibrar em uma frequência mais alta e incorporar uma energia mais positiva, emitindo-a, assim, para além de si mesmo.

"Somos todos curandeiros", compartilha Parten. "Somos destinados a fazer nosso próprio trabalho de cura. Às vezes precisamos de alguém para segurar nossa mão e caminhar conosco pelo escuro ou para prover um espaço seguro para que possamos fazer certas coisas. Às vezes o trauma é profundo. Às vezes a realidade é muito desafiadora." Pedir ajuda e fazer uso de recursos ao longo do caminho vai capacitá-lo a trabalhar com sua própria energia e curá-la. Investir na energia que você deseja incorporar – por meio da meditação, dos exercícios físicos, do tempo passado na natureza, entre outras maneiras – e aprender a emitir uma frequência vibratória mais alta são ferramentas poderosas. *O Caibalion* declara que, com a devida instrução e prática, a humanidade pode criar vibrações à vontade por meio da arte da hermética. "Aquele que compreende o Princípio da Vibração alcançou o cetro do Poder."[73]

Nutrição: Boa para o Corpo, a Mente, as Emoções e o Espírito

O alimento que você consome cria energia para seu corpo. Hoje, com tantas dietas da moda e tendências alimentares pode ser difícil

---

[73] Os Três Iniciados. *O Caibalion: Estudo da Filosofia Hermética do Antigo Egito e da Grécia*. São Paulo: Pensamento, 2ª edição, 2021, p. 28.

saber o que funcionará melhor para você. O mais importante aspecto dos hábitos alimentares é a continuidade. Muitas vezes as pessoas iniciam uma dieta ou uma alimentação mais saudável e, de repente, a nova dieta é abandonada. Talvez esses indivíduos acreditem que não têm tempo para preparar alimentos saudáveis, talvez o custo se torne inviável ou talvez eles percam a força de vontade. Todas essas e quaisquer outras razões remetem ao princípio hermético do mentalismo. Se você acredita que algo pode ser feito, então pode.

Descobrir o que funciona com relação a nutrição e alimentação saudável é a chave. Trata-se de um processo de tentativa e erro. Se a dieta de Atkins ou a dieta paleolítica não funcionaram, há muitos outros planos de alimentação saudável disponíveis. A informação está à disposição. Os nutricionistas podem personalizar os planos alimentares com base nas necessidades ou desejos de uma pessoa. Seja qual for o caminho para uma alimentação saudável, a nutrição é benéfica para o bem-estar físico, mental, emocional e espiritual. Encontre algo que funcione para você e mantenha-se firme a ele.

O plano de alimentação saudável mais comum é comer pequenas porções de comidas saudáveis várias vezes durante o dia. Essas refeições pequenas e frequentes aceleram o metabolismo por um período maior. Alguns nutricionistas dizem que é melhor comer "bons carboidratos", como pão feito com trigo integral ou aveia, no início do dia em vez de tarde da noite. Reduzir o consumo de alimentos ultraprocessados – como refeições prontas congeladas, *fast-foods*, frituras e refrigerantes – e reduzir ao mínimo o consumo de gorduras saturadas também pode promover um estilo de vida mais saudável. Comer carnes magras, como o frango, determinadas frutas e vegetais, como verduras com folhas verde-escuras, certos carboidratos e gorduras saudáveis, presentes por exemplo no abacate e nas nozes, pode fazer a diferença para uma existência mais vantajosa em termos físicos, mentais, emocionais e espirituais.

O princípio hermético da correspondência ("em cima como embaixo; embaixo como como cima") também pode ser visto no princípio da vibração com relação a como certos alimentos proporcionam nutrição (e energia) a partes específicas do corpo. Por exemplo, diz-se que uma noz, que se assemelha ao cérebro, é benéfica para a saúde cerebral. Os tomates, quando cortados ao meio, lembram o coração. Tomates trazem muitos benefícios para a saúde, incluindo redução do risco de doenças cardíacas. A raiz do gengibre se assemelha ao estômago e tudo indica que ajuda na digestão. Quando cortamos uma cenoura, seu interior lembra a íris e a pupila dos olhos. Devido ao betacaroteno, as cenouras trazem benefícios para a saúde dos olhos.

Alimentos saudáveis fornecem as vitaminas e minerais necessários para sustentar o corpo. Certos alimentos estimulam as substâncias químicas do corpo que afetam o bem-estar físico, mental e emocional. Por exemplo, o potássio presente na banana ajuda na recuperação muscular. O zinco presente nas ostras parece beneficiar o desejo sexual. E os antioxidantes presentes no chocolate amargo são bons para a saúde do coração. São muitos os benefícios que vitaminas e sais minerais proporcionam.

Manter-se hidratado ajuda a eliminar as toxinas do corpo e a reabastecer os fluidos corporais, por isso a água deve ser sempre uma escolha prioritária. Alimentos saudáveis, quando consumidos de modo correto, ajudam a melhorar o humor de modo natural e acelerar o metabolismo. A principal lição sobre alimentação saudável é comer mais alimentos naturais e beber mais água, ambos postos nesta terra por Deus. Uma dieta nutritiva proporciona uma infinidade de benefícios e ajuda a aumentar a energia, o que pode levar a uma frequência vibratória mais elevada que, segundo os ensinamentos de Hermes Trismegisto, é um importante objetivo de vida.

O Trabalho com a Respiração pode Acalmar, Liberar Energias

A respiração pode acalmar o corpo e a mente. Um pai pode pedir para que uma criança inconsolável respire fundo esperando que isso acalme a birra. Contar até dez durante a respiração pode estabilizar um momento de raiva. Essas técnicas de respiração para acalmar ou controlar energias foram passadas de geração a geração. A respiração pode fazer com que você volte a prestar atenção em si mesmo, permitindo retornar o foco para a realidade de uma situação, desviando a atenção das emoções ou percepções momentâneas de uma experiência.

Uma técnica de respiração bem conhecida é respirar repetidas vezes de modo lento e profundo, o que ajuda a pessoa a se centrar e estabilizar o humor. Ao expirar, expulse o máximo que puder o ar e depois inspire de modo que a respiração estufe a barriga. Esse método permite que os pulmões absorvam mais oxigênio do que quando respiramos de maneira superficial.

Outra técnica de respiração que vem ganhando espaço nas escolas e no mundo empresarial é a respiração quadrada ou respiração de caixa. Essa técnica simples ajuda a reorientar a mente, acalmar a energia e assumir o controle das emoções.

Tire um Tempo para Respirar: Respiração Quadrada ou de Caixa

1. Sente-se com a coluna ereta em uma cadeira confortável e leve suavemente os ombros para trás e para baixo.
2. Expire profundamente. Respire devagar, por 4 segundos, pelo nariz.
3. Prenda a respiração por 4 segundos.
4. Solte devagar o ar, também por 4 segundos.
5. Retenha, sem ar nos pulmões, por 4 segundos.
6. Continue a praticar a técnica de respiração conforme necessário.
7. Como uma forma de auxílio visual, use o dedo indicador para desenhar o topo da caixa no ar à sua frente na inspiração de 4 segundos. Mova o dedo indicador para baixo para desenhar um lado durante a retenção de 4 segundos.

Desenhe o fundo da caixa na exalação de 4 segundos. Por fim, desenhe o outro lado da caixa durante a retenção final de 4 segundos.

Podemos usar diferentes métodos de respiração para alcançar os resultados desejados. A kundalini yoga emprega trabalho de respiração, mantras (expressões ou sons repetidos durante a meditação) e posturas específicas para despertar a energia no corpo. A kundalini yoga teve início na Índia antiga e chegou ao Ocidente no final da década de 1960. A prática tem como foco a abertura de energias que se movem da base da coluna (o chakra da raiz) ao topo da cabeça (o chakra coronário). Ao longo do caminho, esses pontos energéticos são abertos, permitindo que a energia flua livremente e crie equilíbrio.

Aulas presenciais, aulas *on-line* e aulas gravadas estão disponíveis para aqueles que quiserem aprender mais sobre a kundalini yoga. Uma aula pode começar com um mantra para sintonizar com a prática, seguindo com *kriyas*, posturas ou movimentos específicos que são combinados com prolongados exercícios de respiração. Ao longo da aula, é possível desenvolver e equilibrar energias, concentrar essas energias em certas áreas do corpo que estejam precisando de especial atenção e, finalmente, alcançar uma clareza maior de mente e espírito. A aula geralmente termina com meditação e um mantra. Aprender a desenvolver e controlar a energia por meio da respiração e da kundalini yoga pode proporcionar benefícios físicos, mentais, emocionais e espirituais.

Cura Vibracional

A prática do uso da vibração para curar já existe há milhares de anos. A cura vibracional pode fazer uso do trabalho energético, como o Reiki, ou do som como possíveis meios de cura.

Reiki, ou cura energética, é uma prática de origem japonesa. O praticante funciona como um canal que direciona a energia externa para o receptor. Impondo as mãos sobre o corpo do paciente, o praticante canaliza a energia para o receptor para ajudá-lo a curar o desconforto físico, mental ou emocional.

Vibrações sonoras vêm sendo usadas há muito tempo como método de cura. Incorpore a cura vibracional sonora à sua prática usando gongos, diapasões ou tigelas tibetanas. Cada instrumento está sintonizado com uma frequência específica e, ao usar tal frequência, sintonizamos-nos com sua vibração. Estudos mostram que diferentes frequências de som (*hertz* de diferentes graus) possuem atributos curativos. As pesquisas continuam sendo feitas.

Passe Algum Tempo com a Natureza

O simples ato de sair de casa num dia ensolarado para sentir um sopro de ar fresco ou aproveitar a sombra de um velho carvalho pode melhorar a atitude e as perspectivas de uma pessoa. Seja por respirar o oxigênio que as plantas expelem, sentir gratidão pela beleza da natureza com suas cores vibrantes em diferentes tons, sentir a fragrância das flores ou de uma chuva recente na grama há pouco cortada, seja por repor a vitamina D no corpo por meio da luz do Sol, a natureza pode proporcionar uma infinidade de benefícios à saúde e ao bem-estar, tanto em termos físicos quanto mentais, emocionais e espirituais.

O dr. Charlie Hall, professor do Departamento de Ciências de Horticultura da Universidade Texas A&M e titular da cátedra Ellison Chair de Floricultura Internacional*, afirma que o principal benefício do contato com a natureza é que isso reduz os níveis de cortisol, o que diminui o estresse. Essa redução de estresse devido à influência do mundo natural está disponível para pessoas de todas as idades. Ficou demonstrado que, quando há plantas ou flores em uma sala de aula ou se essa sala oferece uma vista da natureza, os alunos apresentam um melhor desempenho em provas de múltipla escolha e tarefas diárias. Plantas e flores são muitas vezes oferecidas a doentes para melhorar seu humor. Em um estudo de 1984, o dr. Roger S. Ulrich descobriu que uma vista da natureza em um quarto de hospital leva a uma recuperação mais rápida dos pacientes e a uma redução da medicação para controle da dor.[74]

O contato com a natureza também é benéfico para idosos, em particular para portadores de demência ou doença de Alzheimer. "Há grandes benefícios para a retenção de memória, em curto e longo prazos, quando [membros da família ou membros da equipe

---

* A missão dessa cátedra é promover a indústria da floricultura em âmbito nacional e internacional por meio de liderança acadêmica e pesquisa aplicada de ponta. (N. do T.)
[74] Roger S. Ulrich. "View from a Window May Influence Recovery from Surgery." *Science* 224, nº 4647 (1984): 420-21, https://www.jstor.org/stable/1692984.

médica] os levam para áreas externas ou proporcionam experiências de contato com a natureza dentro de seus quartos", afirma Hall. Hall cresceu no mundo do comércio de mudas de plantas e se lembra das vezes em que recorreu à natureza quando visitava o pai, que faleceu vítima de demência. "Sempre que levávamos papai para uma área externa e ele mexia nas plantas", Hall compartilha, "e punha as mãos na terra, víamos de novo o nosso velho pai."

Muitas clínicas que tratam do Mal de Alzheimer contam com jardins de cura, que beneficiam não só os pacientes, mas também as equipes médicas. Ver plantas e flores no local de trabalho reduz o estresse, a rotatividade, o absenteísmo e o presenteísmo (ou seja, trabalhar sem estar totalmente engajado nas tarefas) dos membros da equipe médica e dos funcionários. "Esses benefícios estarão presentes sempre que for possível se cercar da natureza, tanto fora quanto no interior das instalações das clínicas", explica Hall.

O chamado *design* biofílico incorpora a natureza na arquitetura dos espaços de convivência e de trabalho. "Ele incorpora muitos elementos de iluminação natural aproveitando a luminosidade do céu e também a água, tanto no sentido de ouvir a água que corre nas fontes quanto de vê-la fluindo", diz Hall. "Muitas pesquisas têm mostrado que, quando estamos ao ar livre, usufruímos de muitos benefícios, em particular de um ponto de vista fisiológico." O efeito positivo é verificado independentemente dos elementos da natureza estarem em ambientes internos ou externos. "Somos seres da luz, e preferimos estar num local ensolarado do que num ambiente escuro e triste."

A jardinagem tem ainda outros benefícios. "Manter-se ativo em áreas externas, fazendo jardinagem ou paisagismo, traz um duplo benefício, pois, além de ser um ótimo exercício, coloca-nos num ambiente onde, como minha mãe costumava dizer, 'as moléculas se movimentam de modo diferente'", conta Hall. "Ao colocar as mãos na terra, você entra em contato com micorrizas e com certos microelementos que também são benéficos. Apenas ficar com suas mãos sujas é uma das melhores maneiras de melhorar seu sistema imunológico", afirma Hall. Há também os benefícios da jardinagem comestível. "Você pode ver o fruto do seu trabalho." A jardinagem também pode criar autoestima, satisfação e uma melhor compreensão do ciclo de vida, em situações em que doenças ou o clima destroem as plantas.

Hortas em escolas trazem grandes benefícios para crianças e adolescentes. "Quando estão sujando as mãos, eles não se mostram tão preocupados com a roupa que os outros estão usando, com os sapatos ou a cor da pele. Esse momento é uma espécie de grande equalizador do ponto de vista da socialização dessas crianças. É bastante significativo", compartilha Hall. "Depois de ajudar no cultivo dos vegetais, a garotada os come." Os alunos podem então levar para casa esse entusiasmo por frutas e vegetais. Uma pesquisa mostrou que os pais adotam uma alimentação mais saudável porque os filhos querem tomar decisões mais saudáveis com relação à alimentação."

Os programas de horticultura implementados em penitenciárias também beneficiaram os presos. As taxas de reincidência ou volta ao crime após a soltura caem de modo drástico entre os presos que passam algum tempo fazendo jardinagem ao ar livre. "Talvez tenham experimentado aquilo como a criação de um novo ser vivo. Talvez para eles seja uma experiência positiva cultivar a própria comida ou ter desenvolvido uma aptidão para a horticultura", Hall explica. O programa Junior Master Gardener Program foi implementado pela primeira vez numa prisão de mulheres em Bryan, no Texas, nos arredores de College Station, onde está localizada a Universidade Texas A&M. As crianças que estavam visitando as mães passavam algum tempo fazendo jardinagem, e agora o programa é internacional. Esse programa traz benefícios para todos os envolvidos.

A criação de parques, hortas comunitárias e projetos de jardinagem em áreas urbanas abandonadas tem ajudado a reduzir a criminalidade, incluindo crimes violentos. Introduzir elementos da natureza em áreas degradadas de regiões centrais das cidades, além de fornecer frutas e vegetais frescos para consumo, também acrescenta beleza, chama mais a atenção das pessoas sobre o que acontece nas ruas e aumenta o relacionamento entre pessoas de diferentes gerações na vida comunitária. Programas de horticultura também são terapêuticos para pessoas com deficiências físicas ou mentais. Plantar sementes beneficia a saúde mental, torna os jardineiros mais propensos ao comportamento pacífico, melhora a memória e pode ajudar a desenvolver a coordenação motora fina.

"Isso, por si só, já os ajuda a comer sozinhos e a fazer outras coisas em suas vidas cotidianas", afirma Hall, "e auxilia a desenvolver destreza muscular, algo que é decisivamente importante para eles."

O poder das plantas para curar corpo, mente, emoções e espírito pode ser atribuído a muitas coisas. "Acho que o oxigênio extra tem algo a ver com isso, graças à sua capacidade de purificar as partículas e os compostos orgânicos voláteis do ar", teoriza Hall. Ou talvez seja a beleza da natureza, que pode fazer a pessoa sentir-se grata, aumentando assim sua frequência energética.

Mesmo que não tenhamos a oportunidade de passar muito tempo ao ar livre, sempre podemos levar plantas vivas para casa ou para o escritório. Talvez algumas pessoas não tenham o chamado "dedo verde", mas Hall lembra que não devemos nos preocupar com o risco de deixar as plantas morrerem, mas sim com a possibilidade de desfrutá-las enquanto estão vivas. "As coisas são assim. É o ciclo da vida. Uma planta, uma suculenta ou uma orquídea não estão destinadas a viver para sempre." E se o ciclo de vida da planta é abreviado, podemos sempre plantar outra.

A natureza não se resume a plantas, flores, árvores e arbustos. O mundo natural é muito mais que isso. Passar algum tempo caminhando ao ar livre, pedalando, flutuando em um rio, andando a cavalo, vendo pássaros se alimentarem em um comedouro ou passeando com o cachorro aumenta os níveis de energia e melhora o ânimo. Seja pelo ar puro, pela gratidão que sentimos ao desfrutar da luz do Sol ou simplesmente por termos a experiência da Mãe Natureza.

Lições

1. Passe todo dia algum tempo ao ar livre (use protetor solar ou vista calça e camisa leves, mas de manga comprida).
2. Coloque plantas e flores dentro de casa; deixe a luz entrar.
3. Aproveite o que a Mãe Natureza oferece.
4. Plante um jardim.
5. Reserve um tempo para sentir o aroma das rosas.

Capítulo 10

PRINCÍPIO 4: O PRINCÍPIO DA POLARIDADE

"As pessoas desejam separar seus mundos em polaridades de claro e escuro, bonito e feio, bom e mal, certo e errado, dentro e fora. As polaridades são úteis para nosso aprendizado e crescimento, mas como almas, nós somos tudo."
— Joy Page, atriz

Quando estamos com febre, podemos tremer como se estivéssemos com frio. Podemos estar tão felizes que derramamos lágrimas, como se estivéssemos nos sentindo tristes. Ou podemos estar tão furiosos que começamos a sentir uma calma envolvendo nosso ser. Esses são alguns exemplos de como uma pessoa pode experimentar o princípio da polaridade – os polos duplos, os opostos exatos – em vivências físicas e emocionais.

O princípio hermético da polaridade afirma que tudo tem um oposto, mas trata-se apenas de um grau diferente da mesma coisa. A escuridão é a ausência de luz, o frio a ausência de calor e assim por diante. Não existem absolutos dentro do princípio da polaridade, apenas graus variados. Tudo é relativo.

> *"Tudo é duplo; tudo tem dois polos; tudo tem seu par de opostos; o semelhante e o dessemelhante são uma só coisa; os opostos são idênticos em natureza, mas diferentes em grau; os extremos se tocam; todas as verdades são meias verdades; todos os paradoxos podem ser conciliados."*
> – O Caibalion

Este princípio afirma que os opostos são a mesma coisa, apenas situados a variados graus dos extremos, e não há como determinar quando algo se torna verdadeiramente seu oposto. Por exemplo: "Qual é a diferença entre "Grande e Pequeno?". Entre "Duro e Maleável"?. Entre "Branco e Preto"?. Entre "Rápido e Lento"?. Entre "Ruído e Silêncio"?. Entre "Alto e Baixo"?. Entre "Positivo e Negativo?".[75] Esses vários graus de opostos estão baseados na percepção. O quarto de uma criança pode parecer espaçoso quando

---

[75] Os Três Iniciados. *O Caibalion: Estudo da Filosofia Hermética do Antigo Egito e da Grécia*. São Paulo: Pensamento, 2ª edição, 2021, p. 30.

temos 5 anos de idade, mas quando ficamos adultos o quarto se torna menor do que era em nossa memória. Uma pessoa com deficiência auditiva pode precisar aumentar o volume da televisão, embora outros digam que o volume está alto demais.

Outro exemplo do princípio da polaridade é amor e ódio. Há graus do gostar e do não gostar dentro desses dois opostos, assim como há graus definidores de amor e de ódio. Os hermetistas acreditam ser possível transformar ódio em amor ou trocar o mal pelo bem usando a vontade para alterar a vibração, transmutando assim o oposto mais baixo, mais negativo, em uma vibração mais elevada, mais positiva. Chamaram isso de arte da polarização ou alquimia mental. A transmutação não transformaria algo em uma coisa diferente – por exemplo, não transformaria calor em medo – mas alteraria o grau dos opostos, beneficiando em última análise o estado mental da pessoa.

Polaridade: um Paradoxo

O princípio da polaridade resulta no paradoxo divino, ou paradoxo do Universo. Um paradoxo é contraditório, mas é, em última análise, verdadeiro. *O Caibalion* afirma: "O verdadeiro sábio, conhecedor da natureza do Universo, emprega a Lei contra as leis; o superior contra o inferior; e, pela Arte da Alquimia, transmuta as coisas indesejáveis no que é precioso, o que o faz triunfar".[76] Os Três Iniciados escrevem: "A transmutação, e não a negação presunçosa, é a

---

[76] *Ibid.*, p. 61.

arma do Mestre".⁷⁷ Em outras palavras, a mudança é necessária se você quer crescer, aprender e viver em sua vibração mais elevada, aproximando-se, por fim, de O TODO, Deus, a Fonte.

Pode ser difícil compreender o paradoxo divino do absoluto e relativo porque ele está fundamentado no princípio da polaridade. Todas as verdades são apenas meias verdades. Cada história tem dois lados, dois pontos de vista. "A Verdade Absoluta foi definida como "as Coisas como a mente de Deus as conhece", ao passo que a Verdade Relativa são "as Coisas como a mais elevada razão do Homem as compreende".⁷⁸ Para uma mente humana finita, o Universo é real e os seres humanos estão sujeitos à lei natural: o fogo queima, a gravidade é uma força e assim por diante. Os seres humanos também reconhecem que, embora a matéria exista – de um pedaço de papel ao corpo humano –, toda matéria não passa simplesmente de átomos vibrando em velocidades variadas.

O princípio da polaridade atua em conjunto com os demais princípios herméticos, incluindo o princípio da vibração. Por exemplo: "Espírito e Matéria são simplesmente dois polos da mesma coisa, e os planos intermediários nada mais são que graus de vibração".⁷⁹ Na escala musical, quanto mais alta a nota, maior a vibração. A temperatura aumenta à medida que a vibração aumenta. Quanto maior a vibração de qualquer matéria ou energia, ou seja, quanto

---

[77] *Ibid.*, p. 62.
[78] *Ibid.*, p. 65.
[79] *Ibid.*, p. 112.

mais próxima do lado mais positivo do polo, mais próxima ela está de O TODO, a Fonte, Deus, o Criador.

O *Caibalion* incentiva os leitores a procurar compreender as leis mentais e da natureza do Universo e usar essa compreensão para progredir na vida. Segundo a filosofia hermética, toda a criação vem da mente de O TODO e existe dentro d'Ele. Por isso, somos instruídos a "não nos sentirmos inseguros ou temerosos" e a "nos mantermos calmos e tranquilos".[80] Embora nada na existência jamais realmente se torne O TODO ou o Criador, o Criador existe dentro de Tudo. "Enquanto TUDO está no O TODO, também é verdade que O TODO está em TUDO. Aquele que compreende realmente essa verdade alcançou o grande conhecimento."[81]

O princípio da polaridade ensina que os opostos podem ser conciliados com consciência e reconhecimento. As coisas nunca podem se tornar diferentes: o quente nunca se transformará em medo e o frio nunca se tornará afiado, e assim por diante. Nenhum oposto é um absoluto, mas pode ser transmutado, ou transformado, em um grau mais alto, beneficiando assim o estado mental de uma pessoa.

Reconhecendo e Aplicando a Polaridade

Para aproveitar o princípio hermético da polaridade, devemos primeiro reconhecê-lo como lei: todo par de opostos é uma variação de grau da mesma coisa. A partir disso, a pessoa pode se conscientizar

---

[80] *Ibid.*, p. 67.
[81] *Ibid.* p. 75.

desses opostos na vida diária e tomar decisões conscientes, mais atentas, para lidar com o que é apresentado em cada experiência da vida. Por exemplo, dominada pelo medo, a pessoa pode querer se concentrar em como abrandar esse medo e passar para o lado positivo do polo dos opostos, criando coragem.

Podemos aprender a ter mais controle sobre nossos pensamentos e emoções de muitas maneiras, da terapia e *mindfulness* à meditação com cristais (ver p. 119ss para mais informações sobre o trabalho com cristais). É preciso esforço, consciência e trabalho para inclinar a balança a seu favor, mas com o tempo isso pode ser realizado. Nem sempre será fácil, mas entender o princípio de polaridade e saber como lidar com habilidade com ele pode levar a uma vida mais feliz e mais saudável em termos físicos, mentais, emocionais e espirituais.

Apoio Terapêutico

Talvez você ache que encontrar equilíbrio ou neutralidade entre os polos relacionados com o princípio de polaridade é o objetivo supremo. Mas há mais na vida do que apenas encontrar equilíbrio entre os opostos. É preciso tentar alcançar um grau mais positivo dos opostos. Concentre-se em mudar sua mentalidade para um estado mais saudável. Isso pode beneficiar seu bem-estar físico, mental, emocional e espiritual.

"Não basta reduzir ou administrar as emoções negativas. É preciso melhorar e expandir as emoções positivas", diz a dra.

Jennifer Kim Penberthy, psicopedagoga com licenciatura em psicologia clínica, professora de psiquiatria e ciências neurocomportamentais do Chester F. Carlson Center na Faculdade de Medicina da Universidade da Virgínia. "Não queremos que você apenas sobreviva. Queremos que prospere. Que a saúde mental esteja prosperando", ela explica. Aprender a desenvolver emoções positivas de modo intencional promoverá e aumentará o seu bem-estar geral.

Se você estiver se sentindo neutro – o que não é realmente bom nem mau, mas um grau no meio desses dois polos – pode começar a mudar esse sentimento neutro para um sentimento mais agradável, mais positivo, por meio da prática do *mindfulness*. Penberthy sugere a concentração em pensamentos de gratidão, que vão melhorar o estado de espírito. "É possível alterar emoções, mas as pessoas muitas vezes recuam e dizem: 'Não, isso é ridículo. Não consigo deixar de me sentir assim. Simplesmente sinto isso'." Ela responde a essa reação de seus pacientes perguntando se eles conseguiriam se sentir piores. "Quase todos dizem: 'Oh, é claro que consigo me sentir pior'." Se as pessoas são capazes de criar uma realidade na qual se sentiriam pior, também podem criar uma realidade em que se sintam melhor. Adapte seu pensamento e você será capaz de gerenciar suas emoções.

É um processo difícil e dá trabalho, mas, com a prática, alterar de modo consciente suas emoções negativas pode se tornar um hábito. "O ponto de partida é ter motivação para fazer isso e achar importante fazê-lo", diz Penberthy. A mudança emocional é mais fácil se você se concentrar em seus valores. "Eu gostaria de ver mais pessoas trabalhando com valores e qualidades positivos", afirma

Penberthy. Implementar de modo consciente nossos valores em nossa vida diária pode ajudar a cultivar emoções e escolhas comportamentais positivas. Penberthy sugere desenvolver uma declaração de missão, que identifique nosso propósito e nosso objetivo em cada aspecto de nossa vida, incluindo parcerias, criação dos filhos e emprego. "Isso realmente ajuda as pessoas a se orientarem e a se concentrarem nos valores que querem encarnar e que querem para viver."

Por exemplo, se você está com raiva e quer partir para o ataque, pode voltar sua atenção para sua declaração de missão e pensar: *O que alguém com esses valores optaria por fazer nesta situação?* "O que faria uma pessoa justa? O que faria uma pessoa honesta? O que faria uma pessoa leal?", pergunta Penberthy. Ela sugere praticar um valor específico por mês. "Penso em como seria o mundo se todos pudéssemos fazer isso, e como nossa saúde mental, nossa qualidade de vida e nosso bem-estar seriam melhorados se fizéssemos isso de modo intencional", diz ela.

Todos nascemos com emoções básicas, como medo, repugnância, alegria e raiva. Certas emoções, como o medo, podem ser encaradas como negativas. Mas o medo pode ser algo bom. Por exemplo, quando uma experiência provoca medo, é disparada uma reação de luta, fuga ou inação. Se a ameaça é iminente, o medo pode motivar a pessoa a fugir para um local seguro.

Outros medos podem não ser tão benéficos. "Isso é realmente tão assustador? Estou inventando coisas? Estou tendo pensamentos ansiosos sobre coisas que não aconteceram?", questiona Penberthy. Ela sugere usar uma combinação de terapias cognitivas, comportamentais e de *mindfulness* para nos ajudar a regular a emoção no momento. Também podemos entrar em contato com um profissional ou nos instruirmos sobre recursos e técnicas para melhorar a saúde mental.

Muitas vezes você pode perceber que está deprimido ou ansioso. Se a depressão ou ansiedade for forte, reconheça a existência dela, respire fundo e volte a se concentrar. Essas ações conscientes podem ajudar a reduzir a depressão ou a ansiedade e melhorar o seu ânimo. Mas se você estiver deprimido ou ansioso, talvez nem consiga identificar seu estado de espírito. Outros podem estar mais conscientes disso do que você. "É importante ter à nossa volta gente em que possamos confiar, gente que possa nos ajudar a avaliar como estamos", diz Penberthy.

Certas pessoas estão mal-intencionadas quando apontam problemas de saúde mental em alguém. Projetam na situação seus próprios possíveis problemas mentais. Isso pode ser um desafio para a pessoa que recebe tal informação. "É importante estarmos bem conscientes de nosso estado de espírito, de quem nos sentimos à vontade para confiar e de quem achamos que nos conhece", Penberthy declara. "Conhecer os limites e reconhecer aquilo a que tenho direito, minhas emoções, meus comportamentos, meus pensamentos, meus sentimentos, e depois o que pertence às outras pessoas, o que cabe a elas."

Os problemas de saúde mental estão relacionados à biologia, à psicologia e à sociologia. "É muito importante conhecer o ambiente em que fomos criados e a refletir sobre isso. Nossas experiências de infância foram adversas? O que aprendemos com as pessoas que nos criaram? Que experiências tivemos dentro da nossa cultura?" Penberthy diz que todas essas experiências podem influenciar a saúde mental. A genética (biológica) pode ser exacerbada pelo ambiente por meio dos pais. Se o pai ou a mãe sofreram abuso ou nunca se sentiram amados, esses problemas podem ser transferidos para a criança. "Quando a criança fica mais velha e adquire mais autonomia, é preciso voltar atrás e ajudá-la a perceber que, apesar de ela não ter contado com outra opção a não ser viver naquele ambiente quando era mais nova, aceitando que aquilo fosse a realidade, agora ela pode ver e demarcar que as coisas de seus pais são as coisas deles. Não são dela e ela não precisa mais assumir responsabilidade por elas", diz Penberthy. "Você não precisa acreditar no que eles dizem quando falam que você é inútil. Não precisa acreditar nisso. Pode olhar para si mesma e avaliar por si mesma o que realizou, no que baseia sua dignidade." Reconhecer limites ajuda a promover saúde mental e bem-estar sustentáveis.

Com relação ao trauma, algo que pode criar uma saúde mental precária, Penberthy diz que o passado não pode ser apagado ou desfeito, mas pode ser uma experiência de aprendizado. Ela compara a maneira de lidar com trauma à atualização de um programa de computador. "Você foi programado desde cedo para acreditar em certas coisas ou para sentir certas coisas, e foi programado por alguém que tinha fracassado", explica Penberthy. "Vamos trabalhar em cima disso e agora vamos criar um aprendizado mais saudável." Você pode usar estratégias para desenvolver experiências produtivas em sua realidade atual. Use a meditação *mindfulness* para examinar a si próprio e reflita como seu estado de saúde mental, sua qualidade de vida e seu nível de estresse podem estar afetando suas experiências de vida. Usar técnicas como entender e rotular as emoções e recorrer a um profissional ou a outra pessoa de confiança para discutir algum problema pode ajudá-lo a analisar a situação.

> ### Lições
>
> 1. Use *mindfulness* para avaliar a si mesmo e determinar que emoção está sentindo.
> 2. Reconheça o grau de sua emoção e o efeito que ela tem sobre seu estado mental; classifique-a.
> 3. Concentre-se em seus valores ou em sua declaração de missão para levar sua emoção para um estado mental mais positivo.
> 4. Estabeleça limites; aceite a responsabilidade por seu próprio estado mental, mas não pelo estado mental dos outros.
> 5. Peça apoio de um profissional ou de outra pessoa em que você confie.

A Energia de Cura dos Cristais

O uso de cristais para cura pode parecer algo pouco realista, mas esse método vem sendo usado há milhares de anos. Para aqueles que acreditam no poder dos cristais, esses minerais podem fornecer uma vibração de cura constante.

Summer Darvischi, dona do Open Hearts Yoga Sanctuary [Santuário de Yoga Corações Abertos] e do Open Hearts Crystal Blessings [Bênçãos do Cristal Corações Abertos], em Grandbury, no Texas, vem trabalhando com cristais há quase uma década.

Sua jornada começou depois de esgotados todos os caminhos da medicina tradicional para curar seus problemas físicos e emocionais. Ela procurou curar-se com a ajuda de médicos, especialistas e terapeutas, mas nada estava trazendo resultados positivos. Darvischi começou então uma jornada de cura holística na esperança de sentir-se melhor. "Tornei-me uma ávida estudante de tudo relacionado a cristais." Na época, Darvischi dava aulas de matemática e ciências em uma escola cristã. "A metafísica da geologia dos cristais foi realmente o que me convenceu a seguir um caminho diferente, pois eu tinha um lastro suficiente em ciência para compreender a metafísica do funcionamento das coisas." Assim que passou a trabalhar com cristais, ela começou a se sentir melhor do ponto de vista emocional. "Percebi que havia algo ali."

Darvischi começou assistindo a aulas e lendo livros sobre cristais e cura energética. "Tornei-me uma estudante e praticante assídua", explica. Ela já havia se aprofundado em meditação e, depois de experimentar os cristais e melhorar sua saúde mental e emocional, passou a se concentrar mais nos movimentos físicos e começou a praticar yoga. Ao sentir-se motivada para ensinar aos outros o que aprendera sobre o poder curativo dos cristais, da meditação e do yoga, abriu seu próprio centro de bem-estar. "Se outras pessoas puderem encontrar a cura a partir da minha jornada de cura, quero que isso se torne acessível para elas."

Segundo a ciência e o princípio hermético da vibração, tudo tem uma vibração mensurável. "Os cristais têm uma vibração sólida, estática, estável, e os seres humanos não", declara Darvischi. "Deus, Fonte, Espírito, Criador – não importa como queira chamá-lo – coloca coisas para nós neste planeta com o objetivo de cura, como óleos essenciais, plantas, rochas e árvores", explica. "Todos esses elementos estão aqui para serem usados pelos humanos para a cura holística."

A vibração de cura de um cristal nunca se altera. Mas a frequência vibratória de uma pessoa pode mudar com pensamentos e emoções, e esses pensamentos e emoções podem levar à ansiedade, à depressão e à impaciência, entre outras emoções negativas. "Um cristal pode nos levar para uma vibração de cura mais estática, estável e sólida. Então, em termos científicos, é uma espécie de acústica. Ganha a amplitude mais alta." Tudo entrará em ressonância com a vibração mais alta, ou mais forte, que pode ser encontrada nos cristais. Isso pode, em última análise, levar a vibração de uma pessoa para um nível mais alto e melhorar o seu ânimo, posicionando-o em um ponto mais positivo do polo dos opostos.

Por exemplo, digamos que você estivesse relutando em ir a uma festa porque seu dia não havia sido bom ou simplesmente porque seu estado de espírito estava péssimo, mas finalmente decide ir. Todos na festa estão dançando e se divertindo muito. "É provável que você seja tirado daquele desânimo anterior, quando disse: 'Eu não vou me divertir'. Ao entrar numa sala onde há 30 pessoas que estão obviamente satisfeitas por encontrá-lo e se divertindo, você vai ser puxado para uma vibração mais elevada", diz

Darvischi. O mesmo pode acontecer com as emoções negativas. Por exemplo, se você chega do trabalho e todos em sua casa estavam discutindo, essas pessoas podem estar projetando uma energia pesada, negativa. Se você não estiver em equilíbrio, com uma vibração alta, forte, pode ser puxado para o estresse e para a energia daquela situação. Trabalhar com cristais de cura e aprender a administrar energias pode ajudá-lo a ficar mais consciente e ciente de como controlar suas próprias emoções ao encontrar situações energéticas negativas.

Por causa de sua vibração estável, um cristal pode ter qualidades relacionadas a curas físicas e emocionais. Pessoas que usam cristais podem receber sua energia, que beneficia a própria vibração energética delas.

* Cornalina: para vitalidade física e cura; para impulsionar energia.
* Calcita azul: para relaxamento.
* Lepidolita: para acalmar ansiedade.
* Quartzo rosa: para amor incondicional e terapia *heart*.

Há muitas maneiras de usar os cristais, inclusive durante a meditação. Na meditação, acalmamos a mente para obter distância de nossas emoções, pensar com mais clareza e ouvir nossa intuição para que possamos separar os fatos das emoções. "Quando você adiciona um cristal à meditação, pode realmente entrar em sintonia com essas vibrações e com o que o Universo tem a nos dizer ou o que a Mãe Terra tem a nos dizer por meio das joias que vêm de seu ventre", explica Darvischi.

A intuição pode nos guiar para posicionar o cristal em certas partes do corpo, dependendo do que queremos realizar, como curar uma determinada área ou limpar um chakra bloqueado. Algumas pessoas põem o cristal sobre o coração, a barriga ou a testa. Em suas aulas, Darvischi costuma pedir que os estudantes segurem o cristal com a mão esquerda. "Que é o lado receptivo, ou *yin*, do corpo", explica. "Quando abrimos a mão receptora, colocamos o cristal nessa mão e nos permitimos estar abertos e receptivos, podemos receber as vibrações de modo bastante poderoso."

Grades de cristal também podem ser usadas para amplificar e utilizar energia. "Uma das melhores coisas sobre as grades de cristal é que, apesar de não sermos capazes, como seres humanos, de manter nosso foco constante, quanto mais foco pudermos desenvolver, é óbvio que mais rápido nossos objetivos e intenções vão se manifestar e se formar. A grade de cristal conserva o tempo todo esse campo para nós porque tem essa frequência estática, estável, e tem a capacidade de conservar informações e conservar o campo." Darvischi explica que cristais de quartzo são particularmente benéficos quando usados em uma grade de cristal. O quartzo costuma ser usado em computadores, *smartphones* e *laptops* para armazenar memória e energia de baterias.

Ao nos recordarmos da infância, podemos nos lembrar de explorarmos o quintal e pegar pedras para pôr nos bolsos, dando pedrinhas para nossos pais como sinal de apreço ou até mesmo guardando pedras de estimação. "Sabemos de maneira inata que quando colocamos uma pedra no bolso nos sentimos melhor", diz Darvischi. Há diferenças entre pedras e cristais relacionadas à sua composição e forma. Mas algumas pessoas acreditam que ambos possuem propriedades curativas. O efeito disso pode não ser algo profundo, mas esses pequenos pedaços da natureza, especificamente os cristais, podem acalmar vibrações, colocando a pessoa de volta no lado positivo do polo dos opostos.

Lições

1. Os cristais têm uma vibração sólida, estável; podem ser usados para equilibrar ou amplificar energias.
2. Pesquise os cristais e identifique quais deles usar para obter o resultado desejado.
3. Encontre um curso ou grupo para avançar na sua jornada com cristais.
4. Medite sobre suas intenções, colocando cristais em partes específicas do corpo ou segurando-os com a mão esquerda.
5. Esteja aberto para receber.

Capítulo 11

PRINCÍPIO 5: O PRINCÍPIO DO RITMO

"A vida é como uma montanha-russa. Sobe, desce, dá guinadas e voltas [...] mas que bela viagem!"
– LISA LAYDEN, líder de pensamento

A vida tem suas subidas e descidas, seus altos e baixos. Segundo os escritos atribuídos a Hermes Trismegisto, essa montanha-russa chamada vida segue uma lei: o princípio do ritmo. O terceiro princípio, o princípio da vibração, declara que tudo está em constante estado de vibração, enquanto o quarto princípio, o princípio da polaridade, discute como tudo é uma variação de grau de opostos. E o quinto princípio, o princípio do ritmo, aprofunda essas leis, afirmando que a vida é como um pêndulo que, depois de se mover para um lado, tem de retornar para o lado oposto.

No final do século XVII, quando vários teólogos e pesquisadores começaram a traduzir os escritos de Trismegisto, Isaac Newton se tornou conhecido pela descoberta da gravidade. Uma citação atribuída a Newton, "o que sobe tem de descer", é uma descrição do efeito que a gravidade tem sobre os objetos. A lei da gravitação universal de Newton prova que o princípio do ritmo tem mérito científico.

> *"Tudo tem fluxo e refluxo; tudo tem suas marés; todas as coisas sobem e descem; o movimento do pêndulo manifesta-se em tudo; a medida de sua oscilação para a direita é a medida da oscilação para a esquerda; o ritmo ajusta e equilibra."*
> – O CAIBALION

De acordo com a terceira lei de ação e reação de Newton, para cada ação ou força na natureza há uma reação igual e oposta. Segundo *O Caibalion*, o princípio do ritmo dá razão ao fluxo e refluxo das ondas do mar, que estão sempre se movendo para dentro e para fora. Se ocorre um evento negativo, um evento positivo também ocorrerá para equilibrar a balança. *O Caibalion* chama isso de lei da compensação, que é considerada uma lei universal. É possível compreender o verdadeiro prazer sem experimentar dores ou desafios? Emoções e sentimentos estão sempre mudando, crescendo e diminuindo. Você pode sentir medo antes de começar em um novo emprego ou de falar em público. Mas um impulso de coragem vai dominá-lo quando você começar a se sentir mais confiante em suas aptidões.

Se há vida, a morte é inevitável. A noite sempre segue o dia e as estações continuam seus ciclos à medida que os anos passam. Pessoas vão entrar e sair da sua vida, mas vão estar sempre aparecendo por alguma razão: para ensinar, inspirar, guiar, apoiar. A vida terá sempre altos e baixos, mas podemos aprender a subir para um plano mais alto para escapar da oscilação do pêndulo, que está evidente no princípio hermético do ritmo. *O Caibalion* rotula "colocar-se acima" como a lei da neutralização. Se você pode elevar sua consciência e sua vibração, pode também permitir que a desnecessária turbulência de uma situação passe abaixo de você. Isso lhe permite assumir o controle e tomar medidas conscientes para se recusar a participar do balanço negativo no recuo do pêndulo, que está evidente no princípio do ritmo.

Você não pode ter seu bolo e ao mesmo tempo comê-lo: essa frase se refere à lei do ritmo. Você não pode manter o bolo em sua posse se optar por comê-lo. Como declarado em *O Caibalion*: "Ninguém consegue "atirar pedra em casa de marimbondo" e sair de mansinho".[82] Você não terá mais o dinheiro que usou para comprar o pedaço de bolo uma vez que o pagamento tenha sido feito. *O Caibalion* prossegue afirmando: "As coisas que se ganham são sempre pagas pelas coisas que se perdem. O rico tem muito do que falta ao

---

[82] Os Três Iniciados. *O Caibalion: Estudo da Filosofia Hermética do Antigo Egito e da Grécia*. São Paulo: Pensamento, 2ª edição, 2021, p. 126.

pobre, ao mesmo tempo que o pobre também tem coisas que estão fora do alcance dos ricos".[83] Isso mantém tudo em equilíbrio.

Os hermetistas, no entanto, ensinavam que nem sempre isso é verdadeiro no que diz respeito ao prazer. O simples fato de as coisas estarem indo bem não significa que no final você terá de pagar pelo prazer com uma experiência negativa. "A Lei da Compensação está sempre em ação, empenhando-se em equilibrar e contrabalançar, e sempre alcançando seu objetivo com o tempo, ainda que muitas vidas possam ser necessárias para que a oscilação do Pêndulo do Ritmo efetue seu movimento de retorno."[84] Essa afirmação faz referência à reencarnação. Os hermetistas afirmam que se você experimentou muita dor em uma vida, pode experimentar prazer em outra vida.

Leva tempo para dominar o princípio do ritmo, mas à medida que as pessoas aprendem a se conhecer de maneira profunda e a entender a ascensão e queda de emoções e sentimentos, podem reconhecer melhor sua consciência e aprender a controlar sua vontade. Humores e sentimentos vão e vêm; a vida tem seus altos e baixos. A oscilação do pêndulo, segundo o princípio hermético do ritmo, sempre fará a compensação.

Ritmo: O Fluxo Da Vida

Ao longo da vida, as pessoas experimentam o bem com o mal. Cada dia tem altos e baixos à medida que as pessoas experimentam

---

[83] *Ibid.*, p. 126.
[84] *Ibid.*, p. 126.

a atração emocional de outras pessoas e de acontecimentos. De acordo com o princípio hermético do ritmo, o que quer que aconteça durante um dia, uma semana, um mês ou um ano entrará de novo em equilíbrio quando o pêndulo retornar.

Lisa Layden, que se refere a si mesma como líder de pensamento, tem procurado entender a vida desde menina. Como se educou sozinha quanto ao funcionamento interno da vida, Layden começou a compartilhar suas informações com o mundo na esperança de instruir outras pessoas a fazerem uma mudança. Uma vez que as pessoas se tornem conscientes de si mesmas e do mundo à sua volta, elas vão entender melhor seu propósito na vida.

Antes de falecer, o irmão de Layden comparou a vida a uma montanha-russa. Layden guardou as palavras dele no coração. E compartilha sua compreensão do que o irmão declarou: "Ele só queria dizer que, antes de qualquer coisa, a vida deve ser divertida". "Aproveite a vida", ela insiste, "embora haja altos e baixos, voltas e reviravoltas. Esta é nossa oportunidade de experimentar, como seres humanos, a vida e tudo que vem junto com ela."

Apesar do tumulto em que a vida pode atirá-lo e das dificuldades associadas a ela, aproveite esse tempo na Terra. "É apenas uma pequena parte daquilo que somos e de quem somos no essencial. É uma experiência muito curta em relação à duração da história humana. É uma experiência muito curta em relação ao tempo do Universo. Aproveite, então, o máximo que puder", declara Layden.

O que a realidade parece nos mostrar é uma perspectiva incompleta. "Pensamos em termos de bem e mal, certo e errado, luz e escuridão", diz Layden. "No fim das contas, é tudo a mesma coisa."

O princípio hermético da polaridade declara que tudo, tanto o bem quanto o mal, é, no essencial, a mesma coisa, havendo apenas uma variação de grau entre eles. "Vemos nossa experiência humana por meio dos nossos cinco sentidos básicos e dos filtros das crenças e *mindsets* que guardamos em nossa mente. A simples compreensão de que isso funciona desse modo já ajuda."

Para ver além dos equívocos e percepções errôneas, a pessoa pode começar uma jornada educativa. Essa educação pode estar baseada em fatos e em percepções anteriores já esquecidas, que um dia pensamos serem verdadeiras. A maior parte das questões polêmicas na sociedade atual, em nível pessoal ou profissional, são sintomas de mal-entendidos. "Somos todos a mesma raça humana", Layden declara, acrescentando que, como raça humana, as pessoas devem começar a se ver como uma espécie e parte de um coletivo neste planeta. "Acho que somos todos uma coisa só", ela compartilha. "Não podemos olhar para uma célula em nosso corpo presumindo que ela não seja parte de nós. Ela é uma parte de nós." Essa percepção de que todos estão conectados é uma crença que Hermes Trismegisto compartilhou em seus ensinamentos.

Educar-se ajudará aqueles que querem ajudar a si mesmos. Encontre livros que ecoem em você ou matricule-se em cursos que o ajudarão a crescer a partir do ponto em que está. Encontrar seu propósito também o ajudará a ficar mais em contato com a vida e seu eu superior. Layden chama isso "o grande porquê" ou nosso propósito na vida. "Pare de pensar que isto ou aquilo é sua paixão ou suas paixões. Não é. Pare de pensar que tudo se resume a uma carreira, um emprego ou *hobbies*", explica ela. Na realidade, diz Layden, eles não passam de veículos para expressar seu propósito. "Em nossa essência, todos temos o mesmo grande porquê", declara Layden. "Acho que é entendermos que na verdade somos todos coletivamente um só. E uma vez compreendido isso, podemos ter muito mais equilíbrio neste *playground* que chamamos de Terra."

Layden afirma que a mente quer duas coisas, sobreviver e prosperar, o que pode afetar percepções e pensamentos. A sociedade faz sua parte, convencendo as pessoas a buscar gratificação imediata em vez de se concentrarem na autoconsciência individual ou na visão global do todo coletivo. Como, então, podemos elevar nossa consciência para recuperar o equilíbrio dentro do princípio hermético do ritmo? Layden sugere que desfrutemos o tempo que temos na Terra. "Ame a si mesmo e ame as outras pessoas", diz.

Lições

1. Todos fazem parte de uma mesma raça humana.
2. Aproveite as voltas e reviravoltas da vida porque é apenas por um curto período.
3. Seja um indivíduo melhor para criar um todo coletivo melhor.
4. A educação é a chave para a compreensão.
5. Ame a si mesmo e ame as outras pessoas.

Maneiras de se Beneficiar do Ritmo na Vida Cotidiana

Os mestres herméticos aprenderam a controlar o fluxo e o refluxo das situações para controlar o princípio do ritmo em suas próprias vidas. Se você se sentir para baixo ou deprimido, há ajuda disponível para aprender a lidar com essas emoções e sentir-se mais motivado. Tornar-se consciente de pensamentos e emoções, fazer uso de técnicas para adquirir controle sobre si mesmo e trabalhar a serviço dos outros pode ajudá-lo a lidar com os altos e baixos da vida. Tempos ruins sobrevirão. Mas lembre-se de que a experiência negativa é simplesmente o retorno do balanço do pêndulo e haverá tempos melhores à frente. Acompanhe o fluxo.

O princípio do ritmo se manifesta nos estados físico e espiritual, assim como no estado mental. Domine o princípio do ritmo para controlar melhor seus sentimentos, estados de espírito e emoções, bem como para compreender mais facilmente a realidade quando estiver vivenciando situações incontroláveis ou instáveis. Aprender a controlar seus pensamentos e ações pode produzir mais estabilidade para todos os envolvidos.

Há muitas maneiras de incorporar o princípio hermético do ritmo à vida cotidiana. Aprender a controlar a emoção por meio da respiração, desfrutar o ritmo de uma música e descobrir um sentimento de gratidão durante o serviço prestado a outras pessoas são apenas alguns caminhos para alcançar a autoconsciência e dominar o princípio do ritmo.

Equilibre o Coração, Equilibre a Mente

Uma maneira de equilibrar o bem-estar físico, mental e espiritual é incorporar o cientificamente comprovado sistema HeartMath® à sua vida diária. O dr. Rollin McCraty atua como diretor de pesquisa da HeartMath®, Inc. e afirma que esse sistema revolucionário pode ajudar a pessoa a se autorregular e a se tornar mais consciente de suas emoções. "As emoções realmente comandam o *show*. São os impulsionadores primários da atividade em nosso sistema nervoso, em nosso sistema hormonal", afirma McCraty. "Nossa pesquisa básica, feita no início dos anos 1990, foi a primeira a mostrar que aquilo que sentimos, nossas emoções, correspondem melhor, em sentido literal, aos ritmos do coração."

A variabilidade da frequência cardíaca (VFC), ou seja, as variações nos intervalos de tempo entre os batimentos cardíacos, é reduzida pelo estresse ou, de modo natural, pela idade. Uma VFC mais baixa pode levar ao adoecimento. "Quando experimentamos sentimentos como frustração, ansiedade, sobrecarga ou impaciência", McCraty compartilha, "o ritmo se torna o que chamamos de incoerente." Quando alguém se concentra em sentimentos de apreço, gratidão e cuidado, os sistemas do corpo se sincronizam e a VFC retoma um estado coerente. O sistema HeartMath® ensina as pessoas a atingir, sempre que quiserem, um ritmo cardíaco coerente.

No estudo da psicofisiologia, médicos descobriram que o coração envia sinais neurológicos para o cérebro, afetando as funções cerebrais. "Quando estamos em um ritmo [cardíaco] coerente, o cérebro interpreta isso como se tudo estivesse em ordem", explica

McCraty. "Ele literalmente sincroniza a atividade neural no cérebro. Assim, quando estamos em um estado coerente, temos tempos de reação mais rápidos, melhor coordenação, melhor capacidade de autorregulação, de pensar com clareza, de tomar boas decisões." Com a prática, uma pessoa pode reorientar a energia e atingir um estado "coerente de coração" mesmo ao vivenciar impaciência ou frustração.

Muitos dos programas HeartMath® estão baseados em modelos de energia. "O que drena energia desnecessária da maioria das pessoas no planeta são emoções, emoções não controladas", explica McCraty. A *HeartMath Experience* inclui uma série de vídeos descrevendo técnicas como a *Quick Coherence*® *Technique*.

A Técnica da Rápida Coerência®

Passo 1. Concentre sua atenção na região do coração. Imagine que sua respiração está fluindo para dentro e para fora de seu coração, ou da região do peito, respirando um pouco mais devagar e de maneira mais profunda do que o habitual. Encontre um ritmo que seja confortável.

Passo 2. Enquanto continua a respiração focada no coração, faça uma tentativa sincera de experimentar um sentimento regenerativo, como apreço ou cuidado por alguém ou alguma coisa em sua vida. *HeartMath é uma marca registrada da Quantum Intech, Inc. Para todas as marcas registradas HeartMath visite www.heartmath.com/trademarks.*

Se praticado de maneira correta, esse processo simples pode ajudar a administrar emoções negativas, sentir-se melhor em termos físicos e mentais e ter mais clareza.

O Ritmo da Música

A música pode alimentar o espírito, acalmar a mente, estimular a prática de exercícios físicos, despertar uma memória distante ou atrair pessoas para a pista de dança. É a batida ou o ritmo que nos move? É a vibração das melodias irradiadas pelo sistema de som que é capaz de estabilizar ou estimular nosso ânimo? É nostalgia o que sentimos ou as memórias são desencadeadas quando ouvimos uma certa canção? Seja o que for, a música é uma parte boa da vida.

A música pode melhorar todos os aspectos da vida. "Cada dimensão de nosso desenvolvimento – seja física, mental ou emocional – é ou pode ser afetada pela música", explica a dra. Dena Register, musicoterapeuta e consultora de assuntos regulatórios do Certification Board for Music Therapists [Conselho de Certificação de Musicoterapeutas]. Como musicoterapeuta certificada pelo conselho, Register usa a música com todas as faixas etárias, sendo os benefícios impulsionados, em última análise, pelo indivíduo. Esses benefícios incluem promover reabilitação, melhorar a memória ou permitir que uma pessoa expresse emoções.

"Nesse momento, grande parte do foco está baseado na reação do cérebro, no comportamento neurológico e em como usamos a música para alterar o que está acontecendo", aponta Register. Por exemplo, alguém que sofreu um derrame pode usar musicoterapia durante o processo de reabilitação. "O modo como a música se comporta no cérebro, ou como o cérebro reage à música, e onde os diferentes aspectos da música [são] armazenados", explica Register, "permite com frequência que alguém alcance os melhores resultados. Isso me parece um exemplo de como a música é incorporada pela pessoa."

A reação à música é diferente para cada indivíduo. "Às vezes, não há uma memória associada, tratando-se apenas da maneira como cada um reage à música." Um bebê que está no estágio de fazer explorações – não exatamente caminhando, mas capaz, por exemplo, de ficar de pé apoiado no braço de um sofá – talvez comece a "dançar" se uma música animada começa a tocar. "Ele vai se mover ao ritmo da música. Ele se move porque o cérebro diz: 'Oh, aí está a batida. Encontrei a batida. Vou me mexer com ela'", afirma Register. Ela acredita que os instintos e a reação do cérebro impelem um indivíduo a se mover naquele ritmo. À medida que a pessoa vai ficando mais velha e tem outras experiências de vida, novas camadas são criadas na sua relação com música, de modo que memórias, experiências, estado de espírito e emoções são levados para a equação musical. Há estudos em andamento para determinar como a música é processada no cérebro, onde é armazenada e por que tem determinados efeitos em cada indivíduo.

Pacientes com Alzheimer ou demência também podem se beneficiar da musicoterapia. Muitas vezes, um paciente é capaz de recordar todas as palavras de uma canção ou tocar uma música da infância no piano. "É uma maneira de voltar às experiências do passado e, como tudo na vida, há o lado sombrio e o lado luminoso." O lado luminoso da memória é positivo. "O lado sombrio surge se houver um componente musical associado a algo traumático, que pode também funcionar como um gatilho e nos levar imediatamente de volta àquele lugar", explica Register.

Há muitas maneiras pelas quais a música pode afetar um ouvinte. É fundamental que um musicoterapeuta saiba como trocar a música em resposta às reações físicas e emocionais do paciente. Um musicoterapeuta certificado pelo conselho normalmente toca música ao vivo, mas músicas gravadas também são usadas nas terapias. Se a apresentação for ao vivo, o musicoterapeuta pode alterar a música, modificando assim a experiência da pessoa que recebe a terapia.

As músicas preferidas do paciente, determinadas com base nas informações recebidas da família ou do paciente, são usadas durante o tratamento. Se um paciente está com dor ou com dificuldade de se acomodar à imobilidade na cama, Register costuma começar com uma música mais afirmativa, mais alta e acelerada, escolhida a partir da lista de preferências do paciente e depois, aos poucos, altera os elementos musicais para obter um estado de espírito mais calmo. "O que acabamos descobrindo é que o corpo e o cérebro das pessoas reagem a isso. Assim, consigo levar um paciente que estava desconfortável e rolando na cama para um estado de sono profundo quando vou embora, depois de estar 30 ou 45 minutos com ele. O que procuramos quando estamos trabalhando com um paciente, então, é alterar esses elementos." Um musicoterapeuta encontra os pacientes em um determinado estado e usa a música para melhorar esse estado, tanto físico quanto mental.

Uma pessoa que procura pela musicoterapia pode encontrar um profissional, mas qualquer um pode aproveitar os benefícios oferecidos pela música. "Eu acho que se trata daquela parte automeditativa de realmente ouvir algo de maneira profunda e do que é que gostamos em uma determinada canção", explica Register. Descubra que tipo de elementos da música levam seu estado mental a um humor mais saudável e encontre mais artistas ou músicas similares que apresentem esses elementos. Com a disponibilidade trazida pela tecnologia de ter na ponta dos dedos qualquer tipo de música, cada vez mais pessoas estão usando a música e criando listas de reprodução adequadas aos mais variados estados de espírito.

Quem está à procura dos benefícios trazidos pela música deve prestar atenção ao seu ambiente sonoro, muitas vezes negligenciado. "O ambiente sonoro faz sem dúvida uma grande diferença", diz Register. Preste atenção aos ruídos de fundo que competem com a música. Por exemplo, a televisão em casa está no volume máximo, as crianças estão discutindo, o cachorro está latindo e outro membro da família está vendo um vídeo no celular. Esses sons competem uns com os outros e podem criar um ambiente desconfortável e agitado. "Pensar nisso ao selecionar a música que você vai ouvir, acredito, faz uma diferença muito grande. Entramos em um mundo inerentemente musical", afirma Register. A música é estimulada para algumas pessoas, em especial nos anos de juventude, mas essa paixão pela música pode se perder com o passar dos anos. "Alguns dizem: 'Por favor, cante mais baixo' ou 'Por favor, não cante' ou 'Você realmente não é muito bom nisso'", aponta Register. Mas Register quer que as pessoas entendam que envolver-se com música, em especial com música ao vivo, é útil em muitos níveis. Seja assistindo a um *show*, cantando canções de acampamento, tocando piano ou batucando no ritmo de uma música favorita, esse envolvimento tem efeitos positivos. "Acho que se eu tivesse que dar uma mensagem para o mundo seria: envolva-se com música ao vivo, cante e toque. Esses aspectos são incrivelmente benéficos para nós como seres humanos, para nós em termos individuais, mas também coletivos."

Serviço para Outros

Servir aos outros e doar-se aos outros pode proporcionar uma sensação de gratidão, felicidade e conexão. Segundo o princípio hermético do ritmo, dar significa receber. Seja oferecendo um serviço para o qual se recebe um retorno concreto, seja reservando tempo para a mera gratificação de ajudar alguém, você ganha quando dá. Ver a alegria no rosto de uma criança quando ela abre um presente de aniversário, perceber que uma palavra amável ou um sorriso iluminaram o dia de alguém ou fornecer uma refeição, roupas ou material escolar a quem precisa: isso torna a vida mais alegre para quem recebe, e quem dá também experimenta uma sensação de alegria.

Na Bíblia, Lucas 6,38 declara: "Dai, e vos será dado".[85] O doador pode não receber nada concreto no plano físico, mas receberá algo no plano mental ou espiritual. Se você se sente agradecido e abençoado por ser a causa da felicidade de outra pessoa, talvez esteja mais inclinado a continuar ajudando e servindo aos outros ao longo da vida.

Atos 20,35, também na Bíblia, afirma: "Em tudo tenho mostrado a vocês que é trabalhando assim que podemos ajudar os necessitados. Lembrem das palavras do Senhor Jesus: 'É mais feliz quem dá do que quem recebe'".[86] Em outras palavras, há alegria no ato de dar quando isso é feito por um motivo puro. Doar pode ser benéfico tanto para o doador quanto para quem recebe. O doador pode receber alegria pelo simples fato de ser a causa da alegria do outro. A pessoa que recebe uma boa ação ou apoio pode sentir-se grata, o que, por sua vez, pode estimulá-la a fazer algo de bom para outra pessoa, levando o processo à frente. Por exemplo, se um motorista na fila de um restaurante *drive-through* paga o pedido do cliente do carro que está atrás dele, a pessoa favorecida pode também optar por pagar pelo cliente que tem atrás de si, e esse cliente de trás pode optar por pagar pelo cliente atrás dele e assim por diante. Um ato de bondade pode levar a centenas de atos de bondade em um único dia.

---

[85] *The Holy Bible. King James Version*, 853 [Citação em português: *A Bíblia de Jerusalém*. São Paulo: Ed. Paulus, 2002, p. 1799].

[86] *The Holy Bible. King James Version*, 928 [Citação em português: *A Bíblia de Jerusalém*. São Paulo: Ed. Paulus, 2002, p. 1941].

Há muitas maneiras de servir aos outros e ajudá-los. Podemos compartilhar conhecimento e experiência com um ente querido, um amigo ou colega para guiá-los em um momento difícil ou podemos dar uma mãozinha para um amigo que está mudando de casa. Ao decidir como servir aos outros e retribuir o que recebeu da comunidade, procure algo que goste de fazer. Pais podem conseguir com que os filhos se envolvam com trabalho voluntário. O hábito da doação continuará a ser cultivado ao longo da vida se for incutido em uma idade jovem. Seja cozinhando e servindo uma refeição em uma data comemorativa em um abrigo local, entregando produtos de higiene pessoal para a população sem-teto, escrevendo cartões para soldados servindo no exterior, passando tempo jogando cartas em um abrigo local, separando roupas em um centro de doação, oferecendo-se para ensinar na escola dominical da igreja, passeando com cachorros ou brincando com gatos à espera de adoção em um abrigo animal, temos possibilidades ilimitadas de servir aos outros. E servir os outros acaba beneficiando o doador com sentimentos de esperança, realização, amor e gratidão.

O sentimento ou atitude de gratidão, ou de agradecimento, pode ajudar a acalmar a mente e o espírito. O estudo "Counting Blessings Versus Burdens: An Experimental Investigation of Gratitude and Subjective Well-Being in Daily Life" [Contando as Bênçãos *versus* os Fardos: Uma Investigação Experimental da Gratidão e do Bem-Estar Subjetivo na Vida Diária][87], sugere que se uma

---

[87] Robert A. Emmons e Michael E. McCullough. "Counting Blessings Versus Burdens: An Experimental Investigation of Gratitude and Subjective Well-Being in Daily

pessoa se concentra de maneira consciente nas bênçãos, isso pode trazer benefícios emocionais. Pesquisadores estudaram como uma "perspectiva grata" e o ato de "contar as bênçãos" podem levar a maior felicidade e bem-estar físico. Os participantes foram convidados a manter registros de experiências induzidas pela gratidão, bem como de problemas e acontecimentos da vida. Os participantes também classificaram seus estados de espírito, externando comportamentos e sintomas físicos relacionados a cada circunstância. Os pesquisadores examinaram então o bem-estar psicológico e físico dos participantes com base em suas respostas.

No primeiro grupo de participantes, o estudo descobriu que aqueles que sentiram gratidão foram mais otimistas, "relataram menos queixas físicas e relataram usar um tempo significativamente maior para se exercitarem".[88] Ao segundo grupo de participantes foi dado "um procedimento mais intensivo para cultivar gratidão" que incluía comparar-se com outros. Por exemplo, os participantes eram solicitados a registrar como eram "melhores que outros" e como os outros tinham coisas que eles não tinham. Os resultados mostraram que aqueles que tiveram maiores níveis de gratidão em suas experiências tinham "ajudado alguém com um problema pessoal ou oferecido suporte emocional a outra pessoa, sugerindo uma motivação pró-social como consequência da indução da gratidão".[89]

Life". In: *Journal of Personality and Social Psychology* 84, nº 2 (2003): 377-89, https://doi.org/10.1037/0022-3514.84.2.377.

[88] Emmons e McCullough. "Counting Blessings", p. 381.
[89] *Ibid.*, p. 383.

Lições

1. Procure maneiras de ser grato todos os dias.
2. Preste serviços às outras pessoas.
3. Dê mais.
4. Se você dá, você há de receber.
5. Ser grato leva a um maior bem-estar físico e psicológico.

Capítulo 12

PRINCÍPIO 6: O PRINCÍPIO DA CAUSALIDADE

*"Em vez de estudar as leis de causa
e efeito, as pessoas passam a vida sendo
o efeito e fugindo da causa."*
– EUGENE J. MARTIN, artista visual

Tudo acontece por uma razão. Cada incidente na vida é causa ou efeito. *O Caibalion* afirma que o princípio da causalidade governa tudo. Cada ocorrência é uma causa ou um efeito de uma causa ou de uma série de causas. Segundo *O Caibalion*, nada é coincidência ou acaso. O que alguns consideram acaso é, na realidade, "expressão de uma causa obscura", que é uma causa nem percebida nem compreendida – e que talvez nunca seja determinada.

Com relação a causa e efeito, a maneira como os dados caem ao serem atirados pode parecer mero acaso, mas muitos aspectos desempenham um papel sobre que números aparecem nos cubos pretos e brancos. A lei das médias, que é basicamente encontrar equilíbrio com acontecimentos passados e futuros, pode desempenhar um papel, mas causas que podem afetar a posição de pouso dos dados poderiam ser a energia gasta com o arremesso, a textura da mesa e a forma como os dados atingem a mesa.

Compreender o princípio hermético da causalidade permite que as pessoas se tornem mais autoconscientes e tomem medidas para alcançar a cura em suas vidas. Tudo que uma pessoa experimenta ao longo da vida molda quem ela se torna. Muitos optam por aprender e crescer a partir de suas experiências, enquanto outros podem se encontrar atrelados a padrões já gastos. Se formos realmente capazes de descobrir o que causou certos sentimentos ou ações, teremos mais controle sobre efeitos e acontecimentos futuros.

> *"Toda causa tem seu Efeito; todo Efeito tem sua Causa;*
> *todas as coisas acontecem de acordo com a Lei;*
> *o Acaso é simplesmente um nome dado a uma lei*
> *não reconhecida; existem muitos planos de causalidade,*
> *mas nada escapa à Lei."*
> – O CAIBALION

Um exemplo do princípio de causalidade em *O Caibalion* é o desabamento de um telhado. Os Três Iniciados argumentam que a chuva pode fazer uma pedra rolar por um morrote, a pedra pode bater em um telhado e o telhado, em especial se já estivesse instável, pode desabar. A série de causas acaba levando ao efeito: o telhado desaba.

O princípio hermético da causalidade dá continuidade à ordem do Universo. Cada acontecimento está vinculado ao acontecimento que o segue e tudo – passado, presente e futuro – está relacionado. Cada pensamento e cada ação se ajustam ao princípio da causalidade. O pensamento ou ação é uma causa ou um efeito. *O Caibalion* declara que "O Princípio subjacente de Causa e Efeito foi considerado correto por praticamente quase todos os pensadores do mundo dignos desse nome".[90]

Como Você pode se Beneficiar do Princípio da Causa e Efeito

Nada acontece por coincidência. O que acontece é o que tinha de acontecer. Alguns chamam isso de destino. Hermes Trismegisto escreve sobre destino no *Corpus Hermeticum*. Embora não mencione o destino, *O Caibalion* afirma que não acreditar no princípio de causa e efeito "seria subtrair os fenômenos do universo ao domínio da Lei e da Ordem, e relegá-los ao domínio de algo imaginário a que os homens deram o nome de 'acaso'".[91]

---

[90] Os Três Iniciados. *O Caibalion: Estudo da Filosofia Hermética do Antigo Egito e da Grécia*. São Paulo: Pensamento, 2ª edição, 2021, p, 128.
[91] *Ibid*., p. 128.

Muitos acreditam no karma, um princípio no budismo e no hinduísmo de que as ações de uma pessoa afetam o destino ou o que acontece a elas no futuro. Embora o karma não seja mencionado em *O Caibalion*, trata-se essencialmente da mesma coisa que o ciclo de causa e efeito. O princípio hermético da causalidade se refere a como uma ação afeta outra, continuamente.

Se os seus tataravós não tivessem se encontrado cem anos atrás, as gerações seguintes, incluindo você, não teriam existido. Isso é verdadeiro. Com base em uma afirmação de *O Caibalion*, o ato do autor ao escrever esta parte de *O Pequeno Livro dos Princípios Herméticos* e o ato do leitor ao ler esta parte do livro afetará tanto o autor quanto o leitor, "mas irá também exercer uma influência direta ou indireta sobre muitas outras pessoas que agora vivem e que viverão nos tempos vindouros".[92] Como? Prever os detalhes é impossível. Mas talvez o princípio hermético da causalidade dê a você, leitor, uma melhor orientação sobre como se tornar uma causa de sucesso. Você pode escolher um caminho diferente na vida, um caminho que acabe levando à abundância, beneficiando a si próprio e às gerações futuras.

Cada um de seus pensamentos ou ações se encaixa em causa e efeito. Cada pessoa que aparece na sua vida chega por algum motivo. Abrir-se à compreensão de que uma causa produz um efeito – e que isso é uma lei – permite que você perceba como uma ação cria um efeito, benéfico ou não, sobre você mesmo ou sobre os outros. Assim, você pode dar os passos necessários para criar efeitos benéficos.

---

[92] *Ibid.*, p. 133.

Seja a Causa em Vez de se Tornar o Efeito

Você pode lidar com causa e efeito em todas as experiências da vida, aprendendo técnicas e ferramentas eficazes. Se você realmente trabalhar para determinar como um acontecimento pode ter levado a outro – a causa e o efeito – pode continuar melhorando a si próprio, seus relacionamentos e suas oportunidades, entre outras coisas.

Várias técnicas de autoaperfeiçoamento podem ajudar você a percorrer o caminho que leva à compreensão do princípio de causa e efeito. Yoga, meditação, livros inspiracionais e de autoajuda, além de educação contínua, ajudarão aqueles que procuram melhorar e estar mais presentes na vida cotidiana.

"Dadas as mesmas causas, os mesmos resultados serão obtidos."[93] Em outras palavras, se você quer mudar a si mesmo, tem de se dedicar a mudar. Tentar algo novo pode levar a uma nova carreira, a um novo relacionamento, a um novo *hobby* ou a uma nova experiência que pode, por sua vez, levar a mais felicidade, mais consciência, alegria e amor. Se você quer mudar, mas nunca toma a iniciativa de fazer algo de modo diferente, a mudança não acontecerá e você continuará obtendo os mesmos resultados.

Os Três Iniciados não se aprofundam no tema do livre-arbítrio, que é a crença de que podemos escolher nosso próprio caminho, nem no outro extremo do espectro, ou seja, que nossa vida é controlada pelo destino. *O Caibalion*, em relação ao princípio da polaridade, afirma que ambas as crenças são meias verdades. Na

---

[93] *Ibid.*, p. 130.

realidade, "o homem pode ser livre e, ao mesmo tempo, limitado pela necessidade".[94] Os antigos hermetistas sustentavam que isto era verdadeiro: "Quanto mais distante a criação estiver do Centro, mais limitada estará; quanto mais dele se aproximar, mais livre será".[95] Quanto mais você estiver consciente do controle que mantém dentro de si, mais livre será.

Você pode aprender a manifestar a liberdade percebendo o que o afeta e como transformar essas causas em resultados mais positivos. As causas podem ser hereditárias, podem ter origem na sua vida ou ambiente de trabalho, nos seus pensamentos, desejos ou emoções. Ou as causas podem ser o *outdoor* exibindo um novo carro, o que o leva a gastos desnecessários, ou o cheiro de biscoitos assados há pouco pairando na calçada, o que o leva a comer mais açúcar do que seria recomendável. Muitas pessoas acreditam que tomaram decisões ou fizeram escolhas livremente. Mas influências do ambiente externo as levaram a tomar essas decisões ou a fazer essas escolhas porque despertaram um desejo interior. "Movidas, como os peões no tabuleiro de xadrez da vida, elas desempenham seus papéis."[96]

Em vez de permitir que o ambiente ou sugestões de outras pessoas o influenciem para agir ou se sentir de uma determinada maneira, exerça sua própria vontade. *O Caibalion* declara que os humanos podem ascender do plano materialista para um plano

---

[94] *Ibid.*, p. 133.
[95] *Ibid.*, p. 133.
[96] *Ibid.*, p. 134.

superior tomando consciência do poder superior interior e da verdade de que podemos aprender a controlar pensamentos e estados de espírito. "E desse modo tornam-se Motores em vez de Peões – Causas em vez de Efeitos."[97]

Para o Autocrescimento, Procure Respostas no seu Interior

O primeiro passo para o autodesenvolvimento é reconhecer que a mudança é essencial. Se queremos melhorar algum aspecto de nossa vida, temos primeiro de determinar o problema ou o padrão que queremos mudar, fazer um plano e, então, agir.

Talvez você tenha medo de compromisso ou do fracasso. Talvez o medo seja que, uma vez alcançado um objetivo, o futuro seja incerto, e por isso você nunca chega sequer a tentar atingir a meta. Para entender o que está provocando esses medos ou emoções, pense por que você está com medo ou por que se sente de uma determinada maneira. O que levou a certos comportamentos destrutivos? Que "causa" levou a esse efeito? Foi um trauma específico? Pode não ser um processo fácil, em especial com questões profundamente enraizadas, e pode levar tempo, mas, no final, terá valido a pena pesquisar para determinar o que está causando desnecessários conflitos interiores e fazer mudanças. Desde que você determine o que está causando o medo, a tristeza ou a ansiedade etc., é

---

[97] *Ibid.*, p. 134.

mais fácil aceitar o problema, aprender com ele e, finalmente, tomar medidas para fazer as mudanças necessárias.

O princípio da causalidade também pode ser implementado determinando o que você quer da vida e criando um plano para cumprir o objetivo previsto. Um objetivo é o efeito de uma causa ou de uma série de causas. Se seu objetivo é ganhar mais dinheiro, determine então o que tem de ser feito para alcançar uma renda mais alta. A resposta pode ser retornar aos estudos para obter um diploma ou certificação num campo que pague melhor. A série de causas continuaria pela busca por um emprego, entrevista e aceitação de uma oferta de trabalho mais vantajosa.

Tornar-se mais autoconsciente muitas vezes inclui questionarmos a nós mesmos sobre aspectos da nossa vida. Por que nos sentimos ou pensamos de uma certa maneira? O que queremos da vida? Como podemos realizar esses sonhos e objetivos? Concentre-se em se tornar a causa do efeito que você quer materializar. Isso pode levar a resultados surpreendentes.

Esteja Presente em Todas as Situações

Para se tornar mais consciente da causa e do efeito, esteja de fato presente em todas as situações. Às vezes pode ser difícil estar presente. Há sempre um pensamento disperso, um ruído aleatório ou mídias sociais que podem desviar nossa atenção do que é importante.

A tecnologia é a grande culpada da ausência de atenção, nas mais variadas circunstâncias: os filhos jogando nos celulares na hora do jantar, a mãe distraída no computador quando o filho quer compartilhar uma história ou o amigo checando, durante uma conversa, um texto rápido que digitou. Muitas situações envolvendo a presença contínua da tecnologia levam à ausência de uma presença física, mental ou emocional.

Um relatório de 2003, "The Benefits of Being Present: Mindfulness and Its Role in Psychological Well-Being" ["Os Benefícios de Estar Presente: Atenção Plena e seu Papel no Bem-Estar Psicológico"],[98] examina a importância do *mindfulness*, ou ação consciente de estar ciente e atento na realidade do momento. "*Mindfulness* captura uma qualidade de consciência que é caracterizada pela clareza e vivacidade da experiência e reação correntes, colocando-se assim em contraste com os estados irracionais, menos "despertos" de reação habitual ou automática, que podem ser crônicos para muitos indivíduos."[99]

Vários estudos citados no relatório determinaram as pontuações de participantes da Mindful Attention Awareness Scale [Escala de Consciência de Atenção Plena] (MAAS), parcialmente baseadas em respostas a perguntas específicas. Os participantes avaliavam com que frequência eram desatentos, negligentes ou faziam as coisas de maaneira automática conforme uma determinada escala (de quase sempre = 1 a quase nunca = 6). Pontuações MAAS mais altas

---

[98] Kirk Brown e Richard Ryan. "The Benefits of Being Present: Mindfulness and Its Role in Psychological Well-Being." In: *Journal of Personality and Social Psychology* 84, nº 4 (2003): 822-48, https://doi.org/10.1037/0022-3514.84.4.82299. Brown and Ryan. "Being Present", p. 823.
[99] Brown e Ryan. "Being Present", p. 823.

mostravam os participantes "mais conscientes e receptivos a experiências interiores" e "mais 'em sintonia' com seus estados emocionais",[100] permitindo que tivessem mais capacidade de alterar esses estados emocionais. A pontuação MAAS estava "bastante relacionada à clareza de estados emocionais, mas também à recuperação do ânimo".[101] O relatório aponta que aqueles com maior pontuação MAAS eram menos autoconscientes e socialmente ansiosos em comparação com os que tiveram pontuação mais baixa na escala. Em última análise, a pesquisa dá suporte ao papel que o *mindfulness* desempenha na promoção do bem-estar psicológico e na ajuda ao autocontrole das pessoas.

Estar presente traz vantagens, principalmente com relação a relacionamentos e comunicação. É mais provável que uma criança que sabe que o pai está realmente dando total atenção a uma história sobre ela ter encontrado a pedra perfeita no riacho, sobre ter rebatido perfeitamente a bola durante o jogo de beisebol ou a apresentação de um projeto na escola envolva o pai em outras conversas. Essas conversas podem ser sobre planos de vida, esperanças ou sonhos, mas também podem incluir outras conversas sérias, como pressão dos colegas, sexo ou *bullying*.

Estar presente quando um parceiro está compartilhando sentimentos ou uma preocupação pode levar à compreensão mútua. Estar presente quando o chefe está falando sobre um novo produto ou serviço pode levar não só ao conhecimento, mas ao respeito

---

[100] *Ibid.*, p. 832.
[101] *Ibid.*, p. 828.

mútuo. Estar presente, em vez de agir por impulso ou por hábito, nos dá, em qualquer situação, uma visão geral bastante completa do que está de fato acontecendo e pode nos dar a oportunidade de fazer perguntas pertinentes. Se estamos presentes, obtemos uma compreensão melhor da causa de um desacordo ou do efeito da desatenção. Isso nos permite compreender de modo mais pleno todos os aspectos da experiência.

Capítulo 13

PRINCÍPIO 7: O PRINCÍPIO DE GÊNERO

"A união das energias feminina e masculina dentro do indivíduo é a base de toda criação."
– Shakti Gawain, escritora

Segundo o princípio hermético de gênero presente em *O Caibalion*, tudo tem atributos masculinos e femininos. Esses atributos não são características biológicas, como órgãos sexuais ou o corpo físico de um homem ou de uma mulher, mas os traços de caráter da pessoa, as qualidades energéticas que ela projeta. *O Caibalion* declara que o atributo masculino é considerado positivo e um ato de ser, enquanto o atributo feminino é considerado negativo e um ato de tornar-se. Isso não significa dizer que o gênero feminino ou uma pessoa que exiba mais atributos femininos tenha uma personalidade ou um estado de espírito negativos. Tem mais a ver com o modo como as energias funcionam.

Por exemplo, um átomo é criado quando elétrons (energia negativa) são atraídos para o núcleo positivo, criado a partir de prótons (energia positiva) e nêutrons (energia neutra). Os elétrons começam a vibrar rapidamente ao redor do polo positivo, ou núcleo, criando um átomo. Como o átomo resultante foi criado tanto de energia masculina quanto de energia feminina, haverá sempre de conter ambos os gêneros como parte do todo.

> "O Gênero está em tudo; tudo tem seu princípio
> Masculino e seu Princípio Feminino;
> o Gênero se manifesta em todos os planos."
> – O CAIBALION

Segundo *O Caibalion*, o gênero só diz respeito à criação. Assim que é formada, a matéria contém ambos os gêneros, energias masculinas e femininas, e sempre incluirá ambos os gêneros, ou energias positivas e negativas. A energia masculina, ou positiva, não significa forte e a feminina, ou negativa, não significa fraco. O elétron negativo (feminino) procura se unir ao polo positivo (masculino) de um átomo. A energia feminina é conhecida como a energia criativa e vibra ao redor do polo masculino para criar o átomo.

A ciência da criação atômica fornece prova da existência do princípio hermético de gênero. *O Caibalion* declara que esse bem conhecido fenômeno existe no campo "da 'atração e repulsão' dos átomos, a afinidade química, os 'amores e ódios' das partículas atômicas, a atração e coesão entre as moléculas de matéria. Esses fatos são por demais conhecidos para necessitar que façamos comentários mais profundos sobre eles. Porém, o leitor já pensou alguma vez que todas essas coisas são manifestações do Princípio de Gênero?"[102]

Acolhendo as Diferenças

Como afirma o princípio hermético de gênero, todas as pessoas têm atributos ou energias masculinas e femininas. Esses atributos não dizem respeito à genitália da pessoa, mas às características e energias exibidas. O princípio de gênero pode ser entendido em conjunção com o princípio da polaridade, que declara que tudo é um grau de seu oposto. Toda pessoa exibe, em graus variados, atributos tanto masculinos quanto femininos.

Esses atributos de gênero também estão refletidos nos princípios herméticos do mentalismo e do ritmo. Um dia, uma pessoa pode se sentir muito criativa; no dia seguinte, a mesma pessoa pode passar por um bloqueio criativo. Alguém pode hoje estar mais concentrado e atento aos prazos e amanhã pode preferir ficar ocioso em casa, relaxando. Um indivíduo pode estar mais emotivo em um determinado dia e não tão emotivo no final da semana.

---

[102] Os Três Iniciados. *O Caibalion: Estudo da Filosofia Hermética do Antigo Egito e da Grécia*. São Paulo: Pensamento, 2ª edição, 2021, pp. 142-43.

As pessoas são capazes de começar a ver esses atributos de gênero nos outros assim que tomam consciência de seus próprios atributos, ou energias, masculinos e femininos, e entram no caminho do crescimento pessoal. Antes de julgar uma pessoa com base em atributos masculinos ou femininos, devemos, em sentido figurado, nos colocar no lugar do outro para compreender de verdade a pessoa.

Incorporando Masculinidade e Feminilidade na Vida Cotidiana

O autoconhecimento impulsiona o crescimento. A capacidade de refletir sobre nossos gatilhos e entendê-los, sobre os possíveis efeitos de nossos atos e como controlar nossas emoções nos oferece a oportunidade de superar situações desagradáveis ou incômodas, que poderiam ter um impacto negativo. Compreender que cada pessoa deste planeta possui atributos tanto masculinos quanto femininos pode ajudar em situações em que são necessárias comunicação e aceitação.

Independentemente do sexo ou de como agem ou reagem, as pessoas podem refletir ambos os atributos de gênero. Em certas situações, uma mulher pode ser incisiva, o que é considerado um atributo mais "masculino", para compartilhar seus pensamentos ou desejos. Essa qualidade poderia ser interpretada por alguns como autoritária e ser vista sob uma luz negativa. Mas essa mulher está apenas se expressando, o que é seu direito como ser humano, na esperança de reconhecimento. Um homem pode se tornar emotivo após uma experiência profunda ou trágica. Pode chorar. Isso vai torná-lo um pouco menos homem? Não. Ele está expressando emoção, que pode ser considerada uma qualidade mais "feminina", o que lhe dá a oportunidade de expressar sentimentos, encontrar consolo em uma situação difícil e crescer com a experiência.

Seja qual for a situação, a menos que haja um risco à segurança – física, mental ou emocional – a pessoa merece ser ouvida e reconhecida. Isso não significa que se deva tolerar o comportamento de alguém que seja agressivo ou que revele agitação emocional ou mental. Mas podemos lidar com o problema posteriormente, quando todas as partes estiverem mais calmas. O princípio de gênero simplesmente declara que toda pessoa tem o que são considerados atributos tanto masculinos quanto femininos. E se você estiver em uma jornada de crescimento pessoal, procure reconhecer como esses atributos estão presentes em você. E esforce-se para acessar os atributos do outro gênero para permanecer em equilíbrio. A aceitação dos outros, com os pensamentos, necessidades e desejos que lhes são próprios, também o ajudará a avançar em sua jornada de desenvolvimento pessoal.

Tornar-se Mais Assertivo

A assertividade pode ser considerada um atributo masculino e pode não ser fácil para algumas pessoas manifestá-la. Mas esse traço pode ser cultivado. Muitas vezes, as pessoas não entendem que há uma diferença entre assertividade e agressividade. O comportamento assertivo é seguro de si e confiante, enquanto o comportamento agressivo é um ataque ou uma confrontação. Uma ação agressiva é geralmente rude, grosseira ou mal intencionada. Pessoas agressivas podem usar a entonação, as palavras ou a linguagem corporal para depreciar outra pessoa apenas para se sentirem melhor, enquanto pessoas que são assertivas defendem seus pontos de vista de uma maneira não agressiva.

Joree Rose, pós-graduada em psicologia, terapeuta licenciada nas áreas de Casamento e Família, escritora e proprietária do Mindfulness and Therapy Center, e apresentadora do *podcast Journey Forward with Joree Rose* [Jornada para a Frente com Joree Rose], acredita que muitas pessoas, em especial mulheres, evitam ser assertivas com medo de serem chamadas de mandonas ou grosseiras. "Para mim, assertividade é incorporar a postura mental, emocional ou física de manter nosso solo sagrado, falando nossa verdade, não cedendo em nossa honra e no senso de nós mesmas", Rose explica.

"Quando não falo, quando não defendo esse solo sagrado, me sinto invisível, não me sinto ouvida, não me sinto legitimada, não me sinto reconhecida", Rose declara. "Tenho a impressão de que minha alma vai morrendo aos poucos dentro de mim. Fico definhando pelo medo de que, se falar a minha verdade, se não ceder terreno, eu seja rejeitada, negada ou ignorada."

A autoconsciência permite uma mudança positiva. Muitas vezes é difícil adquirir uma nova competência, em especial quando o que se opõe a ela tem sido a vida inteira parte de nós. Se acharmos que a mudança é difícil ou impossível, não vamos sair do ciclo. Isso se refere ao princípio hermético do mentalismo. A mudança, no entanto, é possível e a compaixão e o reconhecimento de que a jornada no sentido da mudança pode ser uma experiência difícil permite que nos aceitemos melhor. O oposto da compaixão é o julgamento. "Se cairmos nesse julgamento em que nossa crítica interior atua, é fácil ficar encurralado, porque é desse julgamento que nos alimentaremos", Rose explica. "Ter compaixão por nós mesmos é dizer: 'É, isso é realmente, realmente difícil'. E, ainda assim, eu posso exercitar isso e talvez dar alguns pequenos passos na direção da mudança."

Uma possível razão para se abster de falar a sua verdade é o medo de não ser aceito ou aprovado. Mas não defender a si mesmo pode criar uma desconexão dentro dos relacionamentos e criar uma crítica interior. Se os outros não aprovam a sua verdade, você começará a invalidar essa verdade. Porém, um dia pode se tornar evidente que conter-se já não é mais possível para você. "Em determinado momento, o benefício supera o custo. [...] Falar me permitirá ter mais oportunidade de ser vista, ouvida e aprovada do que se ficar quieta e não expressar minha verdade", diz Rose. "Penso que todos nós, crianças ou adultos, não importa de que idade, queremos todos ser vistos, ouvidos e aprovados. Quando não somos vistos, ouvidos e aprovados, fazemos uma dentre duas coisas. Falamos mais alto ou nos calamos, e ambas as opções nos mantêm desconectados." Mas todos temos a capacidade de transformar esses padrões em algo melhor.

Para transformar uma qualidade mais tímida, mais passiva, em algo mais assertivo, devemos primeiro entender como o cérebro e o corpo funcionam. O sistema de defesa natural do corpo nos protege contra uma ameaça potencial com uma reação de luta, fuga ou paralisia. "Nosso sistema nervoso simpático é ativado e sentimos fisiologicamente os efeitos disso. Sentimos o coração disparar. Sentimos frio na boca do estômago. Sentimos um aperto na garganta, peso no peito, tensão nos ombros. E isso é uma indicação de que meu sistema nervoso está bem ativado." A reação de luta, fuga ou paralisia pode ser uma reação a uma ameaça real, mas essa resposta também pode ser ativada pelo simples pensamento de que alguém pode querer nos fazer mal. "Quando começamos a perceber que a fisiologia foi ativada, é de fato uma grande oportunidade para cuidarmos um pouco de nós, praticando uma conversa interior", Rose compartilha. Assim que nos tornamos autoconscientes durante a interação, tomar um pouco de ar pode nos ajudar a fazer nossa fisiologia voltar a um estado mais calmo. Reconheça e aceite a emoção, o medo etc., mas depois deixe de lado as emoções que podem não ser benéficas. Nem sempre é fácil aceitar algo desconfortável ou difícil, mas isso é necessário para seguirmos em frente.

Rose vê o fato de ser assertivo e permanecer em sua verdade como uma postura de uma arte marcial, um posicionamento físico no qual a pessoa dificilmente pode ser derrubada. Por exemplo, os pés da pessoa podem estar ligeiramente afastados, os joelhos curvados, um pé diante do outro. Essa postura permite que ela se mantenha forte na verdade e equilibre a energia. "Literalmente penso nessa postura sendo incorporada *versus* ficar apenas de pé com os braços para baixo ao lado do corpo, de modo que alguém pode derrubá-lo com facilidade, o que não estaria demonstrando seu poder."

Para tornar-se mais assertivo, tente novos padrões, mas fique aberto para a possibilidade de voltar para a segurança se for necessário. Os humanos são seres sensíveis e deveriam manifestar um pouco de clemência para consigo e com os outros. Essa clemência permite uma compreensão mais profunda das verdades do outro e contribui para nossa capacidade de aprender e crescer durante o processo.

Rose nem sempre teve uma personalidade assertiva, o que a impedia de compartilhar suas necessidades com os outros. Seu divórcio, no entanto, capacitou-a a ser fiel a si mesma e ela encontrou sua voz. Rose diz que percebeu que era digna de expressar suas necessidades e que tornar-se mais assertiva ajudou-a nos campos pessoal e profissional. "Não preciso mais que meu parceiro atenda às minhas necessidades para sentir que tenho valor. Tenho noção de quem sou. Tive também de aprender que a conduta envolvia falar mais alto, honrar a mim mesma, expor minha verdade", Rose destaca. "O sucesso dessa atitude não tinha a ver com o que acontecia quando eu agia dessa maneira. Eu não era capaz de controlar como os outros receberiam minha atitude e o que fariam a partir disso. Mas ensinei a mim mesma que o poder está na ação que posso levar a cabo."

Ser mais assertiva com estranhos é uma boa maneira de praticar sua capacidade de defender-se, mas é preciso ter sempre em mente a segurança. "Se um estranho está ultrapassando nossos limites, se um estranho está violando um de nossos valores, essa é uma grande oportunidade para praticar", diz Rose. Ela também sugere que as pessoas que estejam trabalhando sua habilidade para serem mais assertivas informem familiares e amigos próximos sobre sua jornada, possivelmente compartilhando a novidade de que mudarão a maneira como se posicionam em conversas ou interações. Com o tempo, com um pouco de prática e autoconsciência, ser assertivo vai ficando mais fácil.

> ### Lições
>
> 1. Esteja consciente de suas necessidades e desejos.
> 2. Esteja consciente dos pensamentos e sentimentos que surgem durante suas interações com os outros.
> 3. Não tenha medo de falar a sua verdade.
> 4. Pratique a capacidade de ser assertivo.
> 5. Seja assertivo sem ser agressivo.

É Possível Sentir Empatia

Muitas vezes as pessoas confundem compaixão com empatia. Compaixão é sentir pena do infortúnio alheio, enquanto empatia é a capacidade de compreender o que a outra pessoa está passando e compartilhar esses sentimentos. Ser empático poderia ser visto como uma energia mais feminina, mas pessoas de todos os gêneros podem exibir esse traço. Se você não tem um forte sentimento de empatia, poderá aprender a ser mais empático se conseguir entender melhor os outros.

Os seres humanos são sociais por natureza e a presença e o apoio de outras pessoas pode ajudar a nos levar a nosso bem maior e mais elevado. A capacidade de compreender os sentimentos e percepções do outro pode criar relacionamentos mais fortes. Roman Krznaric, autor de *Empathy: Why It Matters, and How to Get It*, fundador do Museu da Empatia, acredita que os seres humanos são capazes de cultivar a empatia. Krznaric escreveu um artigo, "Six Habits of Highly Empathetic People" [Seis Hábitos de Pessoas Extremamente Empáticas], em que traça caminhos que as pessoas podem seguir para tentar desenvolver a empatia. "Podemos promover seu crescimento ao longo de nossa vida, e podemos usá-la como força radical para a transformação social",[103] declara Krznaric no artigo.

Uma maneira de ser mais empático é ser curioso acerca dos outros. Faça perguntas, escute realmente com atenção as respostas e aprenderá mais sobre família, amigos e estranhos que cruzam seu caminho. Para ser mais empático, você também pode desafiar crenças ou preconceitos que talvez tenha sobre os outros com base em religião, raça, política e *status* social, tentando encontrar pontos em comum. A raça humana é a mesma para todos.

Pode ser difícil entender o que outra pessoa está passando se não tivermos passado por uma experiência semelhante. E, mesmo que tenhamos, as experiências podem ter sido diferentes porque você e a outra pessoa podem ter diferentes origens, conhecimentos ou aptidões para controlar emoções e preconceitos. Como, então, podemos ser mais empáticos?

---

[103] Roman Krznaric. "Six Habits of Highly Empathetic People." *In*: *Greater Good Magazine*, 27 de novembro de 2012, https://greatergood.berkeley.edu/article/item/six_habits_of_highly_empathic_people1.

A empatia pode parecer impossível para alguns, mas a aptidão para ficar mais receptivo e mais consciente dos sentimentos e energias das outras pessoas nos permite vê-las como elas de fato são, não limitados pela percepção que talvez tenhamos sobre elas. Para ter mais empatia, reserve algum tempo para compreender como a pessoa está se sentindo ou o que a pessoa está passando durante um momento difícil. Pense em uma situação em que viveu algo semelhante ou sentiu algo parecido.

Ao mostrar empatia, dar um conselho nem sempre é necessário. Empatia é mostrar apoio durante um momento de desconforto do outro. Um abraço, um aperto suave de mão ou um tapinha nas costas pode aliviar a dor. Uma palavra gentil, um sorriso ou um simples "eu entendo" podem proporcionar à pessoa angustiada um motivo para ter esperança.

A dra. Brené Brown, professora e pesquisadora da Universidade de Houston com mestrado em assistência social, autora de *Daring Greatly*, diz: "A empatia é uma coisa estranha e poderosa. Não há um roteiro. Não há maneira certa ou errada de alcançá-la. É simplesmente saber ouvir, proporcionar o espaço para que o outro se manifeste, suspender qualquer julgamento, conectar-se emocionalmente e transmitir aquela mensagem com incrível potencial de cura: 'Você não está sozinho'".[104] A empatia pode ser desafiadora, mas é possível aumentar sua sintonia com os outros. Às vezes tudo pode parecer insuportável, em especial quando a população

---

[104] Brené Brown. *Daring Greatly: How the Courage to Be Vulnerable Transforms the Way We Live, Love, Parent, and Lead*. Nova York: Gotham Books, 2012, p. 81.

mundial de mais de 7 bilhões segue aumentando, mas uma mudança positiva terá de acontecer para que uma vida sustentável para todos possa ser construída neste planeta. A mudança começa quando adquirimos consciência de nós mesmos e dos outros.

Criatividade

O ato de criar, segundo *O Caibalion*, é energia feminina (negativa) vibrando ao redor de energia masculina (positiva). A criação do átomo é um perfeito exemplo de como o princípio de gênero funciona. É preciso ambos os gêneros para criar.

No mundo de hoje, há um suprimento infinito de informações disponíveis para adquirirmos uma nova qualificação e iniciarmos uma jornada para sermos mais criativos. A criatividade não é somente uma palavra para descrever criações artísticas. A criatividade vem sob todas as formas: ao construirmos uma estrutura, ao desenvolvermos um novo produto ou uma nova fórmula e ao cultivarmos uma planta, entre outras coisas.

O Caibalion declara: "O UNIVERSO, E TUDO QUE ELE CONTÉM, É UMA CRIAÇÃO MENTAL DE O TODO. Em verdade, sem qualquer dúvida, O TODO É MENTE!".[105] *O Caibalion* também afirma que, quando alguém cria alguma coisa, essa pessoa na verdade faz parte da criação. "Em outras palavras, toda a virtude, vida, espírito e realidade da imagem mental é derivada da

---

[105] Os Três Iniciados. *O Caibalion: Estudo da Filosofia Hermética do Antigo Egito e da Grécia*. São Paulo: Pensamento, 2ª edição, 2021, p. 55.

'mente imanente' do pensador ."[106] A criação vem da mente do criador, portanto a criação é e sempre foi parte do criador. Essa noção se refere ao princípio de correspondência: o que é criado no plano mental torna-se realidade percebida no plano físico.

Então pinte, desenhe, construa, plante, esculpa, brinque, cresça e aprenda. Crie uma versão melhor de si mesmo, o que, por fim, há de ajudar a criar um mundo melhor para a raça humana.

---

[106] *Ibid.*, p. 77.

SEÇÃO III

OS ENSINAMENTOS MÍSTICOS DE HERMES TRISMEGISTO

Esta seção inclui os ensinamentos místicos de Hermes Trismegisto sobre astrologia, alquimia e magia. Para alguns, esses aspectos dos ensinamentos de Trismegisto podem ser interpretados como inacreditáveis ou mesmo blasfemos. Porém, ao longo dos ensinamentos atribuídos a Trismegisto, ele discute a importância de levar uma vida piedosa ou espiritual e justa. Esse, diz ele, é o único meio de nos unirmos a Deus, o Pai, o Criador de tudo. Esses campos sobrenaturais são com frequência confirmados por evidências científicas e pela lei natural. Nos capítulos a seguir, aprenderemos mais sobre os ensinamentos antigos e tradicionais sobre astrologia, alquimia e magia, e como eles evoluíram com o passar dos milênios.

Capítulo 14

ASTROLOGIA

Durante milhares de anos, as culturas olharam para os céus em busca de orientação para as colheitas, a caça, os nascimentos e até mesmo para as guerras. Os seres humanos usaram métodos complexos para traçar o alinhamento dos planetas, os padrões das estrelas, do Sol e da Lua para ajudá-los a tomar essas decisões. Por exemplo, os maias programavam as guerras com base na ascensão helíaca do planeta Vênus. Assim, quando Vênus nascia antes do Sol, os maias viam o planeta e acreditavam que era um bom momento para começar a guerra. Nos tempos antigos, a astrologia era vista como uma ciência, mas hoje muita gente acredita que a astrologia é mística. A astrologia tradicional incluía informações sobre quando os eventos aconteceriam ou deveriam acontecer com base no alinhamento celestial, frequentemente apontando possibilidades negativas. A astrologia evoluiu ao longo dos milênios. A maior parte da astrologia moderna é psicológica ou baseada em características relacionadas a um mapa astral, com previsões mais positivas ou otimistas.

A astrologia mais comum no mundo moderno é a aquela que conta com os 12 signos do zodíaco, ou signos solares. Esses signos astrológicos são baseados no alinhamento do elemento astral na data de nascimento de uma pessoa e são diagramados em um mapa astral. Mais aspectos são com frequência interpretados durante uma leitura astrológica moderna, incluindo signos lunares, hora do nascimento e assim por diante. Mas a astrologia moderna é muitas vezes considerada menos complicada do que a astrologia dos tempos antigos. Hermes Trismegisto refere-se ao Cosmos, Sol, Lua, planetas e estrelas em seus escritos, incluindo o *Corpus Hermeticum*.

Ensinamentos Astrológicos de Hermes Trismegisto e Astrologia Tradicional

Hermes Trismegisto foi professor de astrologia e, embora os princípios astrológicos cujo registro é atribuído a ele já circulassem há milhares de anos, Trismegisto é muitas vezes citado como o fundador da astrologia. O *Centilóquio de Hermes Trismegisto* inclui 100 exposições ou generalidades astrológicas. Há também um *Centilóquio de Ptolomeu*, contendo informações astrológicas semelhantes. As 100 verdades astrológicas creditadas a Trismegisto incluem informações sobre os momentos mais favoráveis para casar, viajar, emprestar dinheiro e iniciar um negócio ou um relacionamento.

Também descrevem como tratar os outros e como agir em função do alinhamento dos corpos celestes.

Christopher Warnock, escritor, astrólogo profissional e advogado, estudou e praticou a astrologia tradicional, ou medieval e a astrologia renascentista, durante mais de duas décadas. "Uma de minhas principais atribuições tem sido ajudar a resgatar a magia astrológica tradicional", diz ele. O interesse de Warnock pela astrologia começou durante suas pesquisas sobre caminhos espirituais. Há muitos tipos de astrologia, incluindo moderna, medieval, renascentista, helenística, védica e chinesa. A astrologia tradicional conta com mais técnicas e é mais complexa do que a astrologia moderna. "É como ter um saco de golfe cheio de tacos para todas as circunstâncias, em vez de andar apenas com um *putter**, Warnock explica. "A astrologia moderna é [uma abordagem] muito, muito simplificada."

Os ensinamentos astrológicos de Trismegisto estão baseados na lei que declara que tudo vem do Um, portanto tudo está conectado. "Assim, vendo os ciclos dos céus, é possível ver os ciclos fundamentais na Terra, porque todos eles estão seguindo o mesmo ciclo espiritual fundamental", Warnock explica. Essa crença se refere ao princípio hermético da correspondência: "Assim em cima como embaixo".

Alguns princípios astrológicos do *Centilóquio de Hermes Trismegisto*: "O Sol e a Lua, ao lado de Deus, são a vida de todas as

---

* Tipo de taco de golfe. (N. do T.)

coisas vivas".[107] Em outras palavras, as posições do Sol e da Lua no céu no momento do nascimento de uma pessoa podem afetar o que vem depois. Isso remete ao princípio hermético de gênero, em que o Sol é o gênero masculino e a Lua o feminino. Ambos são necessários para criar todas as coisas vivas. O *Centilóquio de Hermes Trismegisto* também menciona planetas retrógrados e confirma a existência de 12 signos, "um dos quais está em constante ascensão: o ascendente significa o corpo, e o senhor dele é a mente".[108]

O *Centilóquio de Hermes Trismegisto* declara: "Os julgamentos dos astrólogos muitas vezes não são verdadeiros, em decorrência do erro de seus instrumentos ou da ignorância dos consulentes" e adverte os astrólogos praticantes: "Seja cauteloso e circunspecto no julgamento quando uma fortuna estiver com alguém malévolo; não seja superconfiante achando que a malícia do infortúnio será evitada".[109] Os mapas astrológicos tradicionais são extremamente complexos. "O que você está fazendo é modelar a realidade. Está tentando obter um modelo preciso da realidade. E dada a complexidade da realidade, o modelo também tem de ser muito complexo", declara Warnock.

Muitas pessoas tentam apontar problemas para invalidar a astrologia, em especial no Ocidente, onde a postura geral é de que a astrologia é anticientífica ou falsa. Warnock compara esse ponto

---

[107] "The Classical Astrologer". *Classical Astrologer*, acessado em 26 de julho de 2021, https://classicalastrologer.me/hermes-trismegistus.
[108] "The Classical Astrologer", https://classicalastrologer.me/hermes-trismegistus.
[109] "The Classical Astrologer", https://classicalastrologer.me//hermes-trismegistus.

de vista com a situação na qual a pessoa acha que todos os médicos são uma fraude porque um médico diagnosticou um paciente de modo incorreto ou não receitou a medicação certa. "Você consideraria isso um pouco irracional", diz ele. Os economistas usam fatos e números para prever o futuro do mundo financeiro e suas previsões nem sempre se materializam. "Mas essas previsões têm origem em uma metodologia aceita. É ateísta, materialista. É do tipo científica, por isso a aceitamos."

A astrologia se baseia na matemática e na ciência e, durante a Idade Média e o Renascimento, muitos médicos estudavam astrologia para ajudar nos diagnósticos e tratamentos. Ainda hoje, os astrólogos são consultados sobre questões de saúde. "Não sou médico. A astrologia não substitui as orientações de um médico. Mas prescrevo medicamentos", afirma Warnock. "Posso olhar para o mapa astral de alguém e dizer que tipo de doença existe ali, até que ponto o indivíduo está forte, por que se cansa facilmente, que tipos de doença a pessoa enfrenta no decorrer de sua existência." Warnock diz que a astrologia é basicamente técnica. "Mas há, ainda assim, muito julgamento, intuição e experiência que também são usados como suporte."

Warnock produziu milhares de mapas astrológicos horários, ou de hora em hora, que são mais tradicionais e se concentram no alinhamento celestial no momento de uma pergunta específica. Embora mapas horários não sejam sempre corretos, geralmente são precisos. "Se isso é verdadeiro, significa que o Universo não é aleatório", aponta Warnock. "Há uma conexão espiritual de todas as coisas. [...] O modelo hermético é correto, ou pelo menos é uma modelagem correta. O que não significa dizer que seja a única modelagem possível, embora não seja correto dizer que tudo é aleatório, sem sentido e fútil, e que as coisas não têm um padrão."

Traduções de antigos textos astrológicos e de textos sobre alquimia e magia, começaram a aparecer entre 800 d.C. e 900 d.C. e novamente mais tarde, por volta de 1200 d.C. a 1300 d.C., quando a Europa começou a progredir e se tornou mais sofisticada. A astrologia foi se tornando mais simplificada a cada tradução, mas no essencial mantinha seu significado. "Então, com [o] Iluminismo", diz Warnock, "as pessoas afirmaram basicamente que a astrologia não funcionava e ela foi perdida, digamos assim. Ninguém mais queria praticá-la. Mas algumas pessoas insistiram e é provável que por volta de 1850 ela foi restabelecida, principalmente a astrologia natal." Essa astrologia natal, baseada em um mapa astral, é a versão mais comum da moderna astrologia atual.

Astrologia Moderna

A astrologia moderna inclui 12 signos astrológicos, ou signos solares, que descrevem os possíveis atributos e características das pessoas nascidas sob certas constelações do zodíaco. O signo astrológico de uma pessoa está baseado na posição do Sol no zodíaco na data de seu nascimento. Por exemplo, se a pessoa nasceu no início de setembro, seu signo é virgem, pois tomando por base a posição da Terra, o Sol estava na constelação de virgem na data em que ela nasceu. Pessoas nascidas no final de março têm áries como signo solar. Os 12 signos solares são o foco da astrologia moderna. Essas constelações do zodíaco também são mencionadas, de um modo mais complexo, na astrologia tradicional.

Horóscopos diários podem ser encontrados em jornais, revistas e na internet. Esses horóscopos em geral descrevem o tipo de dia que se pode esperar, como podemos vivenciar esse dia e certos eventos que podem ocorrer e outras coisas desse tipo.

Outros fatores que entram em cena com a astrologia são mapas diurnos e noturnos, definidos com base na hora, data e local do nascimento de uma pessoa, assim como pelos signos ascendentes e signos lunares, entre outros elementos. Esses novos fatores são determinados com base em alinhamentos dos planetas, do Sol, da Lua e das estrelas. "O mapa é uma representação bidimensional de uma realidade 3D para uma hora, data e lugar específicos", declara Warnock. Ele diz que a astrologia se parece muito com o plantio. Por exemplo, um hortelão não planta tomates no inverno; ele planta tudo com base nos ciclos sazonais. "Se entendermos os ciclos naturais, se nos adaptarmos a eles e agirmos a partir disso, podemos ter resultados milagrosos." Uma previsão baseada na astrologia pode estimular uma pessoa a agir e a tomar decisões conscientes que podem alterar o futuro.

"A razão pela qual os signos solares são tão populares é porque é extremamente fácil entendê-los. Você só precisa saber o dia [e] o mês." O signo solar pode ser considerado mais importante que o signo lunar, mas eles trabalham juntos para criar percepções significativas sobre a vida e o conjunto de experiências de uma pessoa. Há 12 signos solares, mas quando o signo lunar é acrescentado, a leitura se torna mais específica. "Por exemplo, o Sol seria a personalidade básica. A Lua seria as emoções", explica Warnock. Dependendo de onde os planetas estão localizados na hora, data e local de nascimento de uma pessoa, eles podem afetar certos atributos do seu caráter. Por exemplo, o planeta Mercúrio refere-se ao pensamento, enquanto Vênus diz respeito a relacionamentos e criatividade e Marte guia a raiva. Júpiter se volta para as relações sociais e Saturno se refere à sabedoria e ao julgamento.

Dependendo da data, a pessoa pode também ter nascido no ápice ou período de vários dias em que o Sol se move entre dois signos adjacentes. Isso pode significar que a pessoa tem características de ambos os signos. "O problema com a astrologia é o excessivo grau de julgamento relacionado à prática", declara Warnock. A interpretação depende da experiência e habilidade do astrólogo. A astrologia também inclui o aspecto humano, porque se alguém sabe que algo está previsto para acontecer pode tomar medidas para evitar ou para criar o incidente.

Vale a pena olhar para os mapas astrais e ver como as pessoas se relacionam meio que psicologicamente umas com as outras", explica Warnock. Muitos gostam de verificar a compatibilidade de signos astrológicos nos relacionamentos, sejam pessoais ou profissionais. Baseadas em milhares de anos de pesquisa, muitas vezes as descrições parecem ser verdadeiras.

Signos Astrológicos Tradicionais (Signos Solares)

Áries	Libra
21 de março – 20 de abril	*23 de setembro – 22 de outubro*
Touro	Escorpião
21 de abril – 20 de maio	*23 de outubro – 21 de novembro*
Gêmeos	Sagitário
21 de maio – 20 de junho	*22 de novembro – 21 de dezembro*
Câncer	Capricórnio
21 de junho – 21 de julho	*22 de dezembro – 20 de janeiro*
Leão	Aquário
22 de julho – 22 de agosto	*21 de janeiro – 19 de fevereiro*
Virgem	Peixes
23 de agosto – 22 de setembro	*20 de fevereiro – 20 de março*

A astrologia moderna é baseada na psicologia, e os horóscopos de signos solares são na sua maior parte otimistas. Seu horóscopo diário pode recomendar que você separe algum tempo para relaxar, pode trazer um breve lembrete para uma alimentação saudável e se exercitar ou pode sugerir que, se insistir numa tarefa, você terá grande êxito. No entanto, a tradicional astrologia horária praticada por Warnock nem sempre traz resultados otimistas. "Você realmente quer dar uma resposta precisa", diz Warnock referindo-se ao que um mapa pode revelar com relação a se uma pessoa deve se casar ou iniciar uma relação profissional com alguém. A astrologia tradicional se baseia na filosofia tradicional. "Isso foi algo importante para mim: ter uma base filosófica para [minha atividade]."

O Ressurgimento da Astrologia

Há mais na astrologia do que a maior parte das pessoas sabe a respeito de signos solares e horóscopos modernos. A astrologia tem uma longa história e em sua complexidade compreende vários formatos, encontrados em todo o globo nos últimos milênios. Mesmo depois de pesquisar e estudar astrologia por mais de duas décadas, o astrólogo Christopher Warnock continua a aprender sobre a prática. "Acredito que há um valor tremendo, um valor muito grande em todos os diferentes tipos de astrologia e coisas muito úteis que podem ser aprendidas sobre eles." A formação em astrologia – como a formação aprofundada em qualquer assunto – é uma jornada sem fim. "O que eu diria sobre isso é apenas que devemos manter a mente aberta." Há uma quantidade incrível de informação disponível em livros, na internet, na televisão e em outros locais. "É um momento realmente maravilhoso para nos interessarmos por astrologia", diz Warnock, "e pelas três artes herméticas: astrologia, alquimia e magia."

As filosofias herméticas influenciaram a cultura por milhares de anos e, quando os ensinamentos de Hermes Trismegisto ganharam de novo destaque na época atual, um renascimento da cultura pode estar no horizonte, levando a desenvolvimentos culturais.

"Estamos passando por um momento meio difícil agora", declara Warnock. "Acho que, como resultado disso, as pessoas estão se voltando para a necessidade de se tornarem mais espiritualizadas."

Embora não seja possível evitar a ocorrência de acontecimentos ruins, esses acontecimentos podem levar a bênçãos e abrir portas para experiências melhores. Segundo os ensinamentos herméticos e o princípio do ritmo, o pêndulo voltará para o polo positivo. A astrologia está mais ou menos concentrada no aspecto predestinado da vida. "As pessoas odeiam o destino. Querem ter livre-arbítrio", Warnock declara. "Destino e livre-arbítrio [são] interessantes porque a astrologia diria que ambos estão operando ao mesmo tempo. Que a realidade fundamental, o Uno, de algum modo transcende e incorpora tanto o destino quanto o livre-arbítrio, é muito curioso. Porém, ela não é nem um nem outro. É as duas coisas."

Capítulo 15

ALQUIMIA

Transformar chumbo em ouro. Alcançar a imortalidade. Pode parecer que essas ideias só existem no mundo da fantasia, mas elas são centrais no estudo da antiga alquimia. Muitos alquimistas de outrora queriam transformar metais em ouro e descobrir a vida eterna, mas o objetivo principal desses alquimistas era compreender o mundo natural. Seus experimentos se baseavam em descobertas científicas, na religião e na filosofia. Hermes Trismegisto é chamado com frequência pai da alquimia e diz-se que uma obra a ele atribuída, *A Tábua de Esmeralda*, foi um dos modelos usados pelos primeiros alquimistas.

Embora muitos acreditem que os alquimistas tinham simplesmente a crença implausível de que poderiam descobrir um caminho para a vida eterna, boa parte do trabalho dos primeiros alquimistas lançou as bases da ciência dos dias atuais. Eles estudaram metais, minerais e o corpo humano para entender as operações internas da matéria. Os alquimistas desenvolveram muitas técnicas, métodos e ferramentas, como funis e frascos usados hoje em laboratórios. Os alquimistas usavam símbolos para manter em segredo significados elementares. Tais símbolos representavam com frequência corpos celestes da astrologia. Na alquimia, o símbolo para ouro também representava o Sol e o símbolo para prata também representava a Lua. Os segredos da alquimia em tempos antigos só eram conhecidos pelos estudiosos do assunto. No entanto, as práticas e descobertas da alquimia levaram à química dos dias modernos, que é o estudo da matéria.

Alquimia Antiga

Hermes Trismegisto é com frequência chamado de fundador, ou pai, da alquimia e da astrologia, e professor de coisas místicas e mágicas. Nos tempos antigos, a alquimia era considerada mágica por aqueles que não compreendiam esse estudo. "Qualquer coisa que é considerada como de alta tecnologia é sempre considerada mágica", comenta Ja'Quintin Means, autor de *The Wondering Alchemist*. Muitos acreditavam que os antigos alquimistas trabalhavam com magia, mas os alquimistas acreditavam que estavam apenas tentando compreender o mundo natural. Os que estudavam alquimia nos tempos antigos teorizaram ser possível transformar metal em ouro ou criar a vida eterna. Essas teorias foram desacreditadas, mas os alquimistas certamente descobriram como transmutar ou transformar a matéria em coisas que teriam benéficos impactos físicos, mentais e espirituais.

"No mundo antigo, não havia separação entre magia, ciência e religião. Eram todas a mesma coisa. E hoje temos uma separação entre as três", explica Means. "Os velhos alquimistas foram capazes de realizar tantos avanços científicos porque estavam tentando descobrir os segredos da natureza, tentando descobrir os segredos de Deus e da divindade e compreender as leis universais e as leis da natureza." Os primeiros alquimistas eram devotos, com uma profunda crença no poder de Deus. "Não queriam ser considerados blasfemos por Deus. Queriam se assegurar de que tudo que faziam estava de acordo com a vontade de Deus."

Em tempos antigos, havia duas abordagens diferentes para a alquimia, interna e externa. Acredita-se que a forma original da alquimia tenha vindo do Egito. "A palavra *alquimia* vem, na realidade, da antiga palavra para Egito, que é *Kemet*," explica Means. Kemet significa "solo" ou "terra negra", uma referência à superfície do solo na região do Nilo. Adicionando à palavra raiz Kemet *el* (*al*), que se correlaciona com Deus, temos que alguém ata-se a Deus. "O povo egípcio atando seus vasos sanguíneos a Deus ou ao Divino", Means explica, "essa é a visão interna." Alquimistas transformando chumbo em ouro tinham mais relação com a visão do mundo externo da alquimia.

Alguns alquimistas eram considerados vigaristas, prometendo tinturas para curar todos os males ou se oferecendo para produzir ouro. Para a maioria dos alquimistas, no entanto, o verdadeiro objetivo da alquimia era aperfeiçoar a alma. Means explica:

"Tornar a alma muito pura, mediante provações e tribulações, por meio das atividades da vida cotidiana e do modo como nos relacionamos uns com os outros. Compreender certos aspectos espirituais da vida, mas sem separar a espiritualidade de qualquer aspecto da vida. Mediante esse processo de refino, tornando-nos ouro nós mesmos, pois assim nos tornamos unidos à vontade de Deus ou à vontade do Divino".

Os alquimistas criaram gráficos para que outros alquimistas pudessem entender o significado dos símbolos. O uso de símbolos para esconder segredos alquímicos não só protegia a ciência e a espiritualidade do estudo daqueles que não a entendiam, mas ocultava os significados da Igreja. A maioria dos antigos alquimistas acreditava que podemos nos aproximar de Deus refinando nossa própria alma. "Eles estavam basicamente dizendo que podemos nos unir a Deus sem o intermédio de um pastor ou um padre", explica Means.

Alguns exemplos de alquimia eram criar tinturas para curar males específicos ou destilar líquidos e materiais em álcool. Means, cervejeiro profissional, considera-se um alquimista moderno, já que o preparo da cerveja se baseia em uma antiga forma de alquimia que se acredita ter se originado no Egito, milhares de anos atrás. Os primeiros alquimistas estão também associados à tentativa de descobrir ou criar a pedra filosofal, uma substância desconhecida capaz de transmutar metal em ouro, curar feridas ou proporcionar a vida eterna. Outra crença dos primeiros alquimistas é que uma pessoa perfeita pode se tornar a própria pedra filosofal, conquistando vida eterna ao se tornar mais próxima de Deus.

Acredita-se que *A Tábua de Esmeralda*, atribuída a Hermes Trismegisto, seja um modelo para a busca dos alquimistas por uma compreensão mais profunda de tudo e de todos. "Pessoalmente, acredito que foi o desejo das pessoas de entender melhor o mundo que levou à alquimia", opina Means. Embora alguns avanços em ciência tenham sido alcançados pelos primeiros alquimistas, muitas questões consideradas importantes pelos alquimistas milhares de anos atrás continuam sendo investigadas hoje. "Ainda perguntamos por que estamos aqui", diz Means. "Ainda temos essas perguntas fundamentais."

Alquimia Considerada Precursora da Química

A alquimia foi precursora da química moderna, que é o estudo da matéria e suas propriedades. A alquimia se baseava na compreensão tradicional de que terra, água, fogo e ar formavam toda a matéria. O conhecimento e estudo dos átomos, que de fato constituem toda a matéria, veio muito mais tarde. Eric Brentz passou os últimos dezesseis anos ensinando ciência, instruindo os jovens sobre o funcionamento interno da matéria. Os átomos podem ser decompostos em três partículas subatômicas: prótons, elétrons e nêutrons. "São pedaços minúsculos que, quando isolados, não significam grande coisa. São só uma parte positiva, uma parte negativa e uma parte neutra", Brentz explica. "Quando, no entanto, os colocamos juntos em certas configurações é que se define o que constitui cada elemento e, quando esses elementos se combinam com outros elementos, formam-se compostos que constituem a matéria."

Um átomo é criado quando prótons e nêutrons se aglutinam e são comprimidos para formar um núcleo. Então os elétrons são atraídos para o núcleo e começam a quicar em torno dele. "De fato entendemos por que certos átomos vão se unir a outros átomos – isso está baseado em sua estrutura eletrônica", salienta Brentz. "Assim que um elemento estável é criado, a única parte dele que pode de fato fazer alguma coisa são os elétrons, a não ser que o forcemos por meio de experimentos nucleares." Acima do nível do átomo singular, são os elétrons que puxam outras coisas para eles, criando matéria. "É assim que ocorre tudo o que existe no mundo. [...] Obtemos tudo que é feito de elementos com os elétrons se unindo ou compartilhando elétrons."

A tabela periódica é um incrível avanço no estudo da química. Com base em estudos elementares, os cientistas perceberam que todos os átomos estão tentando acumular um reservatório completo de elétrons de modo a criar novidades. "Desde que estejamos acima do nível do átomo isolado, os elétrons são os que fazem as coisas acontecerem. São eles que conectam tudo", diz Brentz. "Formam novos compostos interagindo usando coisas que podem ajudá-los a fazer isso." Por exemplo, sódio e cloro se juntam porque cada um quer uma coisa que o outro pode dar ou tomar. São elementos distintos, mas quando são forçados a se juntar, criam um novo composto, o sal.

A tecnologia progrediu e, nos últimos cem anos, a ciência descobriu partículas ainda menores, conhecidas como quarks, que formam prótons, elétrons e nêutrons. A ciência está sempre evoluindo. Aceleradores de partículas e reações nucleares controladas têm sido usadas para dividir átomos. E embora se acredite que todos os elementos naturais já tenham sido descobertos, de vez em quando são descobertos novos elementos durante experimentos e adicionados à tabela periódica. Esses novos elementos, contudo, são instáveis. "São elementos que só aparecem quando fazemos esses experimentos, quando criamos essas situações extremas de laboratório. Quem saberia dizer onde esses elementos aparecem naturalmente — se é que aparecem — no Universo?", Brentz questiona.

Os alquimistas acreditavam que poderiam converter metais, como chumbo, em ouro. Usaram calor, substâncias químicas e processos básicos de laboratório da época numa tentativa de transmutar metal em ouro. Nunca tiveram êxito. Os cientistas modernos, no entanto, realizaram esse feito. Cientistas nucleares, usando aceleradores de partículas, conseguiram transmutar metal em uma pequena quantidade de ouro. Isso prova a teoria dos primeiros alquimistas, mas os experimentos modernos não são rentáveis. As exorbitantes somas de dinheiro gastas nessas experiências jamais poderiam ser reembolsadas por meio da criação de uma quantidade tão pequena de ouro.

Ninguém precisa ser alquimista ou químico para experimentar e ver uma diferença na matéria. "Provavelmente a melhor substância química a ser usada é a água", Brentz explica. A água (H_2O) é formada quando dois átomos de hidrogênio e um átomo de oxigênio se combinam para criar um composto molecular. Se deixarmos cair uma pedra empoeirada em um copo d'água, uma mistura de sujeira e água pode ser criada, mas isso não é uma reação química. Se, no entanto, jogamos pastilhas de antiácido em um copo com água, uma reação química vai ocorrer. "Elas fazem um barulho efervescente porque os elétrons no cálcio que está no antiácido reagem com a água. Os átomos são trocados entre a água e o antiácido, o que forma bolhas", Brentz explica. "É assim que fica claro que acontece uma reação química – pois as bolhas não estavam lá antes." Isso cria um novo composto. Mas se misturarmos sabão e água, o que resulta em bolhas, isso não é uma reação química. As bolhas são uma propriedade do sabão, não sendo portanto um novo composto ou matéria; é simplesmente uma mistura de sabão e água. Uma reação química pode também ser observada quando o carvão é incendiado. Carvão é basicamente carbono condensado e, uma vez adicionado o calor, ele fica cinzento e libera fumaça. Esses são sinais de alterações químicas.

"Toda a nossa existência é baseada na química, com nossos inúmeros processos digestivos e celulares que fazem as reações químicas seguirem ocorrendo", diz Brentz. A ciência, mesmo que às vezes incorreta ou incompleta, pode levar a desdobramentos futuros. Por exemplo, em determinado momento, os cientistas não eram capazes de comprovar a existência de átomos. Brentz salienta: "É importante perceber como podemos ter errado, mas não deixar de ver o que estava certo ou o que poderia ser útil naquelas primeiras teorias".

Embora parte daquilo em que os primeiros alquimistas acreditavam tenha sido refutado pela ciência moderna, a alquimia deve ser reconhecida como um estudo importante. A evolução da ciência continua nos dias de hoje. Quando se trata de ciência, as pessoas querem respostas claras, mas elas nem sempre são possíveis. As recomendações de hoje podem amanhã não se mostrarem conclusivas, uma vez que as informações e a implementação se alteram. "Tudo bem a ciência estar errada, em especial quando estamos disparando dados limitados", diz Brentz. "A ciência está sempre evoluindo e grande parte disso é ambíguo. É difícil para nós admitirmos isso, porque a ciência é muito importante para a nossa vida. Gostaríamos que ela fosse mais estável. Sem dúvida há certas regras e certas leis na ciência que são mais ou menos estáveis mas, sendo um processo, ela está em constante evolução."

A "Magia" da Alquimia

Grande parte da ciência pode parecer mágica ou mística. É difícil entender o verdadeiro padrão interno de operação da química, da física, da biologia e de outras ciências. Por exemplo, o processo de transformação de ondas em imagens e sons em uma televisão é um mistério para a maioria das pessoas, mas para os descobridores e desenvolvedores do processo, trata-se de algo compreensível. Como a maioria das pessoas não consegue entender o que acontece no Universo no nível atômico, tudo parece mágico.

Cientistas de tempos antigos se dedicaram ao estudo e prática da alquimia como fazem hoje os cientistas nos campos que escolheram, sempre esperando aprender mais sobre como matéria e energia funcionam. Os esforços desses primeiros cientistas beneficiaram a sociedade e levaram a uma compreensão mais profunda do Universo e de todas as coisas que existem nele.

Capítulo 16

MAGIA

O que lhe vem à cabeça quando você reflete sobre a ideia de magia? Podemos voltar à ideia de que a magia é a prática do oculto, com trevas e demônios. Ou podemos dar uma guinada para uma visão mais positiva da magia. Talvez alguém pense na obra sobrenatural de Deus e dos anjos produzindo milagres reais. Alguns podem achar que magia significa usar ingredientes naturais para criar chás medicinais ou lançar pequenos feitiços para trazer paz aos enlutados. Outros podem dizer que magia é o uso de bolas de cristal ou invocar espíritos para conhecer o futuro. Outros ainda podem pensar em mágicos nos palcos de Las Vegas praticando truques de ilusionismo. Segundo a *Enciclopédia Britânica*, a magia inclui uma série de práticas que vão desde adivinhação e encantamentos a astrologia, alquimia, bruxaria e truques de prestidigitação.[110]

"O propósito da magia é adquirir conhecimento, poder, amor ou riqueza; curar ou afastar doenças ou perigos; garantir a produtividade ou o sucesso em um empreendimento; causar danos a um inimigo; revelar informações; induzir uma transformação espiritual; enganar ou entreter."[111] Com tanta variedade de propósitos mágicos, pode ser difícil saber o verdadeiro significado da magia.

O que é, afinal, a magia? Segundo uma definição do dicionário Merriam-Webster, magia é "um poder ou influência extraordinários que aparentemente vêm de uma fonte sobrenatural".[112] A crença em magia e no sobrenatural existe há milhares de anos e, se estamos à procura de bênçãos mágicas, vamos encontrá-las em experiências do dia a dia.

Magia de Tempos Antigos

Nos tempos idos de Hermes Trismegisto, a magia era parte da vida, assim como a ciência, a religião e a filosofia. Muitas das

---

[110] Robert Andrew Gilbert. "Magic." In: *Encyclopaedia Britannica*, acessado em 20 de julho de 2021, https://www.britannica.com/topic/magic-supernatural-phenomenon-phenomenon/History-of-magic-in-Western-worldviews.

[111] Robert Andrew Gilbert. "History of Magic in Western Worldviews." In: *Encyclopaedia Britannica*, acessado em 30 de julho de 2021, https://www.britannica.com/topic/magic-supernatural-phenomenon/History-of-magic-in-Western-worldviews.

[112] "Magic." In: *Merriam-Webster*, acessado em 30 de julho de 2021, https://www.merriam-webster.com/dictionary/magic.

declarações de Trismegisto, presentes em todos os seus escritos, parecem ser de natureza mágica ou sobrenatural. Se algo não é totalmente compreendido, alguns podem rotulá-lo de mágico. Mesmo compreendendo o funcionamento de algo, como o corpo humano, alguns podem acreditar que sua natureza seja verdadeiramente mágica. A crença tem relação tanto com o conhecimento quanto com a percepção.

Muito da magia andou de mãos dadas com o método científico de tempos antigos. Os alquimistas tentaram comprovar hipóteses em diferentes horas do dia, possivelmente à meia-noite ou no período da lua cheia, na esperança de chegar a resultados diferentes. Combinaram diferentes ingredientes para criar infusões, que alguns chamam de poções.

Tess Muin-Bruneau, ministra inter-religiosa, taróloga e a bruxa responsável pela Witch's Chamber, uma loja virtual especializada em joias artesanais e acessórios decorativos, diz que nos tempos antigos a magia era mais aceita e era praticada na vida cotidiana. Praticantes dos tempos antigos eram mais respeitados e valorizados. "Havia pessoas que conheciam a magia dos elementos e compartilhavam esse saber para proteger seus círculos, [desde] como usar uma planta para curar uma doença até como empregar a energia da terra para proteger uma aldeia do mau tempo", afirma Muin-Bruneau. À medida que o cristianismo se difundiu, a prática da magia tornou-se menos aceita.

O julgamento das bruxas de Salem aconteceu em fins dos anos 1600. Antes desses processos e acontecendo concomitantemente a eles, uma caça às bruxas se espalhou pela Europa. Em

Salem, Massachusetts, cerca de 200 pessoas, a maioria mulheres, foram acusadas de feitiçaria e de conspirar com o diabo. Durante o processo de julgamento das bruxas de Salem, quase duas dúzias de pessoas morreram – por enforcamento ou enquanto aguardavam julgamento na prisão. Um homem morreu por causa de pedras pesadas que foram colocadas sobre seu corpo. Mais tarde, os tribunais perceberam o erro e inocentaram os acusados de mexer com o sobrenatural e os que tinham sido condenados por isso.

O conceito de magia mudou ao longo do tempo. O que é magia? A pergunta pode engendrar diferentes respostas de diferentes pessoas com base em seus conhecimentos, crenças e percepções. "Penso que, exatamente como a magia pode aparecer de muitas maneiras diferentes para diferentes pessoas, existem muitos pontos de vista diferentes na magia", diz Muin-Bruneau.

A Magia Hoje

Uma visão negativa da magia nos tempos modernos pode derivar de crenças religiosas ou da imagem divulgada por Hollywood de bruxas e feiticeiros maus, deuses e espíritos vingativos. Mas histórias de feitiços e bruxaria, narrativas de heróis com dons sobrenaturais e histórias de pessoas em comunhão com espíritos para trazer alívio para entes queridos de luto enchem livros e telas de cinema no mundo de hoje. Apesar do fato de que a maior parte da magia nos livros e filmes ser ficção, alguns consideram que uma verdadeira magia está em ação em todos e em tudo.

"A magia está viva. Ela vive e respira por toda parte à nossa volta, o tempo todo", compartilha Muin-Bruneau. "É uma vibração, às vezes é uma corrente de vento que sentimos passando por nós, uma conexão com tudo que foi, é e será." A noção de energia conectando tudo e todos remete ao princípio hermético da vibração. Muin-Bruneau acredita que a magia está nessa energia que conecta toda a vida. Sua vibração pode afetar a maneira como nos conectamos com outros, como pensamos e como nos sentimos. Muin-Bruneau comenta: "A maneira como sua vibração pessoal, ou magia pessoal, se conecta ao universal pode e vai mudar sua vida. É um acordo sagrado com o Universo respeitar e trabalhar com suas leis da energia".

Magia é a energia da manifestação. Quer testemunhar mais magia em sua vida? Comece de modo simples. "Aprenda a trabalhar com seus próprios ritmos. Passe algum tempo em contato com a natureza, caminhe descalço na terra, procure sentir a conexão e o contato com o solo", sugere Muin-Bruneau. A experiência com a magia é diferente para cada um. "Entenda que tudo e todos que você encontra têm sua própria magia, e esteja ciente da energia que você envia, pois magia é energia, e a energia retorna", declara Muin-Bruneau. "Pare um instante, respire e acredite em sua própria magia. Não há nada mais forte do que isso."

Veja A Magia Em Tudo

Percepção e crença desempenham papéis importantes na descoberta da magia na vida cotidiana. Você pode simplesmente sentar e experimentar a magia da natureza ao ar livre enquanto a brisa fresca sopra, os pássaros piam e o Sol aquece seu corpo. Você pode ver a magia no sorriso de uma criança, no amor entre um casal celebrando cinquenta anos passados juntos ou nos primeiros passos de uma pessoa aprendendo de novo a andar após um acidente. A magia pode ser experimentada na resposta a uma prece, na palavra gentil de um estranho ou na fragrância de uma flor. A magia está em toda parte, basta que você tire um tempinho para aceitá-la. "É o estar no lugar certo na hora certa, encontrando exatamente aquilo que você está procurando exatamente no momento em que precisa", diz Muin-Bruneau. "O simples ato de acordar diariamente é mágico."

A magia pode ser encontrada nas situações mais simples e nas mais complexas. "Você só precisa estar disposto a vê-la e ela se manifestará para você", explica Muin-Bruneau. Se você optar por se tornar mais atento e consciente do que está de fato acontecendo ao seu redor, é fácil ver a magia. Essas energias mágicas podem ajudar a conectar você com as outras pessoas e permitir que experimente as bênçãos presentes no dia a dia.

Capítulo 17

ESTAMOS TODOS JUNTOS NISSO

A maioria das religiões e sistemas de crença de todo o globo – talvez todos – tem uma máxima, ou regra de ouro, que prega que devemos tratar os outros da maneira como queremos ser tratados.

Regras de Ouro das Religiões[113]

Budismo: Não trate os outros de maneiras que você mesmo acharia ofensivas.

---

[113] Paul McKenna. "The Golden Rule Across the World's Religions: Thirteen Sacred Texts." Scarboro Missions, 2000, https://static1.squarespace.com/static/5852af6a-579fb39b66b50478/t/5caf993c652dea8557e6a38a/1555011900715/The+Golden+Rule+Across+the+World.pdf.

Cristianismo: Faça aos outros o que gostaria que fizessem a você.

Hinduísmo: Esta é a síntese do dever: não faça a outros o que causaria dor se fosse feito a você.

Islã: Nenhum de vocês realmente crê até que desejem aos outros o que desejam para si próprios.

Judaísmo: O que é odioso para você, não faça a seu próximo. Essa é toda a Torá; todo o resto é comentário. Vá e aprenda.

Siquismo: Não sou um estranho para ninguém; e ninguém é um estranho para mim. Na verdade, sou amigo de todos.

Taoismo: Considere o ganho de seu próximo como seu próprio ganho e a perda de seu próximo como sua própria perda.

A lista continua. Se esta é a regra ou princípio das teologias e crenças entre culturas em todo o mundo, como pode a humanidade aprender a convergir para a compreensão de que cada indivíduo é parte do todo coletivo, que estamos todos conectados uns aos outros? Se acreditamos em um poder mais elevado, Deus, a Fonte, O TODO, ou mesmo na consciência superior de nossa própria mente, devemos admitir que a resposta é o que tem sido dito pelos milênios afora. Talvez isso nem sempre seja fácil, mas se você for consciente e perceber que as pessoas estão lidando com suas próprias emoções e trabalhando para superar traumas, mágoas, ansiedade, impaciência, entre outros desafios, será mais fácil aceitar a situação como ela de fato é. Mantenha o equilíbrio em mente quando estiver envolvido em uma situação que cause divisão. A melhor coisa a fazer pode ser se afastar desse tipo de situação. Mas a discussão pode ser retomada mais tarde, quando todas as partes estiverem mais calmas.

Estamos todos juntos nesta vida. Tudo e todos neste planeta, segundo o hermetismo e as teologias e crenças transmitidas por gerações, vieram de O TODO, do Uno, Deus, da Fonte, do Criador e assim por diante. Todos fazem parte da energia e da mente coletiva do Universo. Se entendermos isso e nos tornarmos mais conscientes e autoconscientes, talvez seja mais fácil ver os outros como eles são neste tempo e espaço.

Para muitos, uma mudança de conhecimento está no horizonte. Muitos anseiam por uma verdadeira conexão com aqueles que os rodeiam, com a natureza e com um poder superior. Muitos têm perguntas a respeito da sua existência neste reino. Muitos estão despertando para a reverência ante os incríveis acontecimentos experimentados nesta terra – talvez a beleza do nascer do sol em um campo coberto de orvalho, a perfeição de um arco-íris colorido depois da tempestade ou o riso despreocupado de uma criança. Muitos acreditam que a energia está dentro de todas as coisas e que a espiritualidade pode aproximá-los da iluminação. Com essa mudança na consciência, muitos estão buscando uma compreensão mais profunda de seu lugar nesta existência expansiva e respostas para onde de fato estão e por que pertencem a este tempo e espaço.

Com as informações compartilhadas neste livro a respeito dos princípios herméticos em ação na vida cotidiana, você encontrará orientação e indicações sobre como desenvolver uma compreensão mais profunda da mente, do corpo e do espírito. Muitos estão em uma jornada de autodescoberta para encontrar um verdadeiro objetivo. Tornando-se um eterno aprendiz ao longo da vida, você poderá sempre aumentar seu conhecimento sobre espiritualidade, energia e interconexão de tudo e todos. Este livro foi escrito neste momento para compartilhar o conhecimento de Hermes Trismegisto e para ajudar aqueles que atentam para esta mensagem a aprender a viver a vida do modo mais completo.

BIBLIOGRAFIA

Brentz, Eric (educador de escola pública do Texas), em discussão com a autora, julho de 2021.

Brown, Brené. *Daring Greatly: How the Courage to Be Vulnerable Transforms the Way We Live, Love, Parent, and Lead*. Nova York: Gotham Books, 2012.

Brown, Les. *Success*. "The Story You Believe about Yourself Determines Your Success." Vídeo do YouTube, 8 de outubro de 2017. https://www.youtube.com/watch?v=68Wz25NMX2k.

Brown, Kirk, e Richard Ryan. "The Benefits of Being Present: Mindfulness and Its Role in Psychological Well-Being." *In: Journal of Personality and Social Psychology* 84, nº 4 (2003): 822-48. https://doi.org/10.1037/0022-3514.84.4.822.

"The Classical Astrologer." *Classical Astrologer*. Acessado em 26 de julho de 2021, https://classicalastrologer.me/hermes-trismegistus.

Corbett, Tom, e Lady Stearn Robinson. *The Dreamer's Dictionary: From A to Z...3,000 Magical Mirrors to Reveal the Meaning of Your Dreams*. Nova York: Warner Books, 1994.

Darvischi, Summer (proprietária da Open Hearts Yoga Sanctuary e da Open Hearts Crystal Blessings), em discussão com a autora, junho de 2021.

Dweck, Carol S. *Mindset: The New Psychology of Success*. Nova York: Ballantine Books, 2008.

Emmons, Robert A., e Michael E. McCullough. "Counting Blessings Versus Burdens: An Experimental Investigation of Gratitude and Subjective Well-Being in Daily Life." In: *Journal of Personality and Social Psychology* 84, nº 2 (2003): 377-89. https://doi.org/10.1037/0022-3514.84.2.377.

Francis, Charles (diretor do Mindfulness Meditation Institute e autor de *Mindfulness Meditation Made Simple*), em conversa com a autora, junho de 2021.

Freud, Sigmund. *The Interpretations of Dreams*. Nova York: The Macmillan Company, 1913.

Gilbert, Robert Andrew. "History of Magic in Western Worldviews." In: *Encyclopaedia Britannica*. Acessado em 30 de julho de 2021. https://www.britannica.com/topic/magic-supernatural-phenomenon/History-of-magic-in-Western-worldviews.

_____. "Magic." *In: Encyclopaedia Britannica*. Acessado em 20 de julho de 2021. https://www.britannica.com/topic/magic-supernatural-phenomenon.

Hall, Charlie, Ph.D. (professor no Departamento de Ciências de Horticultura da Texas A&M University e detentor da Cadeira Ellison em Floricultura Internacional), em conversa com a autora, junho de 2021.

Hall, Manly P., maçom do 33o grau, "The Hermetic Philosophy" (palestra integral/áudio claro). Vídeo do YouTube, 4 de julho de 2019. MindPodNetwork, https://www.youtube.com/watch?v=P0LMh2bHNz0.

Harvey, Steve. *The Official Steve Harvey*. "Imagination Is Everything" (Motivated + Steve Harvey). Vídeo do YouTube. 10 de junho de 2019. https://www.youtube.com/watch?v=TbEMIw3ecGI&list=PLh9wooqH0eenSRQmZLz8dwhzVqTUtqvCL.

The Holy Bible, King James Version. Nashville: Tennessee: Thomas Nelson Publishers, 1989.

Krznaric, Roman. "Six Habits of Highly Empathetic People." *Greater Good Magazine*. 27 de novembro de 2012. https://greatergood.berkeley.edu/article/item/six_habits_of_highly_empathic_people1.

Layden, Lisa (líder de pensamento), em conversa com a autora, junho de 2021.

McCraty, Rollin, Ph.D. (diretor de pesquisa da HeartMath®, Inc.), em conversa com a autora, junho de 2021.

McKenna, Paul. "The Golden Rule Across the World's Religions: Thirteen Sacred Texts." Scarboro Missions. 2000. https://static1.squarespace.com/static/5852af6a579fb39b66b50478/t/5caf993c652dea8557e6a38a/1555011900715/The+Golden+Rule+Across+the+World.pdf.

Means, Ja'Quintin (autor de *The Wondering Alchemist* e *Thoughts of a Prince*), em discussão com a autora, julho de 2021.

Merriam-Webster. "Magic." Acessado em 30 de julho de 2021. https://www.merriam-webster.com/dictionary/magic.

Muin-Bruneau, Tess (ministra inter-religiosa, taróloga e a bruxa por trás de Witch's Chamber), em uma entrevista por e-mail com a autora, julho de 2021.

Parten, Jenny (mestra em Reiki e curandeira), em conversa com a autora, junho de 2021.

Penberthy, Jennifer Kim, PhD, ABPP (psicopedagoga com licenciatura em psicologia clínica, professora Chester F. Carlson de psiquiatria e ciências neurocomportamentais na Escola de Medicina da Universidade da Virgínia), em conversa com a autora, julho de 2021.

Register, Dena, PhD, MT-BC (consultora de assuntos regulatórios para o Conselho de Certificação de Musicoterapeutas), em conversa com a autora, julho de 2021.

Robbins, Tony. "Where Focus Goes, Energy Flows." Vídeo do YouTube, 17 de janeiro de 2017. https://www.youtube.com/watch?v=Z6nv26BTzKA.

Rose, Joree, MA, LMFT (proprietária do Mindfulness and Therapy Center e autora de *A Year of Gratitude*), em conversa com a autora, julho de 2021.

Samman, Mendy (mestra cinturão negro em karatê americano e mestra *personal trainer*), em conversa com a autora, junho de 2021.

Shearer, Ryan (crente em Jesus, o Messias), em conversa com a autora, julho de 2021.

Os Três Iniciados. *The Kybalion: A Study of the Hermetic Philosophy of Ancient Egypt and Greece*. Chicago: The Yogi Publication Society, 1908. [*O Caibalion – Estudo da Filofia Hermética do Antigo Egito e da Grécia*. São Paulo: Pensamento, 2a edição, 2021.]

Trismegistus, Hermes. *The Corpus Hermeticum: Initiation Into Hermetics, The Hermetica of Hermes Trismegistus*. Traduzido por G. R. S. Mead. Pantianos Classics, 1906.

_____. *The Divine Pymander and Other Writings of Hermes Trismegistus*. Traduzido por John D. Chambers. Eastford, Connecticut: Martino Fine Books, 2018.

_____. *The Emerald Tablet of Hermes*. Traduzido por múltiplos tradutores. Los Angeles: Merchant Books, 2013.

_____. *Thrice-Greatest Hermes: Studies in Hellenistic Theosophy and Gnosis (three volumes in one)*. Traduzido por G. R. S. Mead. Mansfield Centre, Connecticut: Martino Publishing, 2013.

Ulrich, Roger S. "View from a Window May Influence Recovery from Surgery." *Science* 224, no 4647 (1984): 420–21. https://www.jstor.org/stable/1692984.

US Energy Information Administration. "What Is Energy? Laws of Energy." Acessado em 29 de junho de 2021. https://www.eia.gov/energyexplained/what-is-energy/laws-of-energy.php.

Warnock, Christopher (astrólogo tradicional e autor de *Secrets of Planetary Magic*), em conversa com a autora, junho de 2021.

AGRADECIMENTOS

Dizem que é preciso toda uma aldeia para criar uma criança. Eu digo que é preciso toda uma aldeia para escrever um livro! Sem a visão daqueles que compartilharam suas ideias e conhecimentos próprios da área, *O Pequeno Livro dos Princípios Herméticos* jamais teria se materializado. Tenho com cada um desses especialistas uma dívida de gratidão e apreço por terem me ajudado ao longo de minha jornada para compartilhar o antigo conhecimento de Hermes Trismegisto e os passos que podemos dar para nos beneficiarmos desses princípios até alcançar o crescimento pessoal e a autoconsciência necessários para aprofundar nossa compreensão da mente, do corpo e do espírito.

Como autora deste livro, gostaria de expressar minha gratidão a uma série de pessoas que me permitiram compartilhar seu conhecimento com os leitores. Sou muito grata a vocês!

A Eric Brentz, agradeço pela análise de química e pelo tempo que passamos juntos instruindo cabeças jovens.

A Summer Darvischi, meu obrigada por compartilhar seu conhecimento sobre os poderes de cura dos cristais.

A Charles Francis, obrigada por compartilhar seu conhecimento e dicas sobre como os leitores podem incorporar a meditação *mindfulness* à vida diária.

A Charlie Hall, Ph.D., agradeço por compartilhar seu conhecimento do mundo natural, a visão que possui dele e de como podemos nos beneficiar de nossas próprias experiências com a Mãe Natureza.

A Lisa Layden, agradeço por sua visão sobre a importância de encontrarmos o verdadeiro propósito desta vida e entendermos que todos nós fazemos parte de um todo coletivo.

A Rollin McCraty, Ph.D., agradeço pelo tempo que dedicou para compartilhar os notáveis benefícios do HeartMath®.

A Já'Quintin Means, meu obrigada por compartilhar seu conhecimento sobre o mundo da antiga alquimia e aqueles que a praticavam.

A Tess Muin-Bruneau, agradeço por sua visão sobre como podemos ver a magia em todas as coisas.

A Jenny Parten, obrigada por compartilhar sua visão sobre nosso poder de elevar frequências energéticas e por ajudar a me guiar na minha jornada de autodescoberta.

A Jennifer Kim Penberthy, Ph.D., ABPP, obrigada por compartilhar a importância da saúde mental e pelas dicas sobre como aprender a prosperar.

A Dena Register, Ph.D., MT-BC, sua visão sobre os benefícios da música é inspiradora e sou grata por ela.

A Joree Rose, MA, LMFT, obrigada por compartilhar suas dicas sobre como ser mais assertivo e por compartilhar sua jornada.

A Mendy Samman, obrigada por compartilhar seu conhecimento acerca dos benefícios mentais e físicos dos exercícios e por me ajudar durante minha jornada de preparo físico.

A Ryan Shearer, agradeço por compartilhar sua experiência de primeira mão de testemunho da obra de Deus e os benefícios da prece. Sou grata por sua amizade.

A Christopher Warnock, seu conhecimento de todas as coisas da astrologia é muito bem-vindo e eu lhe agradeço.

Também gostaria de compartilhar meu agradecimento às seguintes pessoas:

À minha editora de aquisições, Claire Sielaff, e à minha editora Ulysses Press, obrigada pela oportunidade. A Renee Rutledge, meu editor, obrigada por seu apoio e orientação ao longo do processo de edição. A Kathy Kaiser, minha preparadora de texto, tenho uma dívida de gratidão pelo trabalho meticuloso na sintonia fina de minhas palavras. E a todos da equipe de produção, obrigada pelo trabalho cuidadoso que dedicaram a este livro.

Obrigada ao leitor, que passou seu valioso tempo absorvendo essas informações. Realmente espero que você tenha encontrado algum conhecimento benéfico nas páginas deste livro. E lhe desejo felicidades.

A meus pais, Gary e Beverly Morris, obrigada pelo apoio contínuo.

A meu marido, Tristan Browne, e a meus filhos, Mia e Dane. Amo vocês e lhes agradeço pelo simples fato de existirem e de interagirem comigo no meu mundo.

Tenho também de agradecer a Deus por me proporcionar a oportunidade de escrever este livro. É a realização de um sonho de toda uma vida.

Realmente acredito que por meio da educação e conscientização, todos podemos aprender uns com os outros a crescer como indivíduos e como um todo coletivo. Entender a conectividade de tudo e todos à nossa volta pode levar a uma mudança na sociedade. Acredito que, com mais autoconsciência e com mais ação consciente, as pessoas podem aprender a aumentar sua vibração, ou energia, e viver vidas mais felizes, mais gratificantes.

Impresso por :

Graphium
gráfica e editora

Tel.:11 2769-9056